NICOLAS BERSIHAND, (París, 1976). Editor y escritor francés. Empezó en periodismo cultural y trabajó con el gran dramaturgo Armand Gatti.

Traductor y editor ecléctico de libros de arte, de filosofía y hasta de bolsillo. Creó y dirigió la única editorial dedicada al género epistolar, DesLettres, que publicó la colección Mots Intimes. En la actualidad, trabaja en varias antologías y obras de ficción.

Papel certificado por el Forest Stewardship Council®

Primera edición en B de Bolsillo: abril de 2025

© 2022, Nicolas Bersihand
Autor representado por Editabundo Agencia Literaria, S. L.
© 2022, 2025, Penguin Random House Grupo Editorial, S. A. U.
Travessera de Gràcia, 47-49. 08021 Barcelona
© 2022, Alfonso Barguñó Viana y Mercedes Vaquero Granados, por la traducción
© 2018, Adan Kovacsics, por la traducción de la carta
de las pp. 153-154, extraída de Franz Kafka, Obras completas, vol. IV, Galaxia Gutenberg, 2018
Carta de las pp. 236-240, traducida por Manel Martí Viudes
Cartas de las pp. 241-244, traducidas por María Dolores Ábalos
Diseño de la cubierta y del interior: Penguin Random House Grupo Editorial / Carme Alcoverro
Imagen de la cubierta: © Silja Goetz

Printed in Spain – Impreso en España

ISBN: 978-84-10381-14-8
Depósito legal: B-2.625-2025

Compuesto en Comptex & Ass., S. L.
Impreso en Black Print CPI Ibérica
Sant Andreu de la Barca (Barcelona)

BB 8 1 1 4 8

Cartas a la madre
Grandes figuras de la historia le expresan su amor a la persona más importante de su vida

EDICIÓN DE NICOLAS BERSIHAND

Traducción de Alfonso Barguñó Viana
y Mercedes Vaquero Granados

Para mi madre Marie-Claire,
con el amor de su hijo mayor, Nicolas

Y para todas las madres del mundo, vivas, añoradas y por venir

ÍNDICE

Introducción 15

I. Historia del día de la Madre en Estados Unidos y España .. 17
    Julia Ward Howe, «Llamamiento a todas las mujeres
      del mundo» 19
    Julio Menéndez García, «Himno de la madre» 21
II. Día de la Madre: cartas de niños a su madre,
    ¡feliz día de la Madre! 25
    Eugène Delacroix a su madre, Victoire Œben 27
    Frédéric Chopin a su madre, Justyna Krzyżanowska ... 28
III. Declaración de amor filial 29
    Honoré de Balzac a su madre, Anne-Charlotte-Laure
      Sallambier 31
    José Martí a su madre, Leonor Antonia de la
      Concepción Micaela Pérez y Cabrera 32
    Miguel Hernández a su madre, Concepción Gilabert .. 34
    Robert Schumann a su madre, Christiane Schnabel ... 35
    Fiódor Dostoievski a su madre, Maria Dostoievskaia .. 36
    Richard Wagner a su madre, Johanna Rosine Wagner .. 37
    T. E. Lawrence a su madre, Sarah Junner 39
IV. ¡Gloria a las madres! 41
    Antón Chéjov a Mijaíl Mijáilovich Chéjov 43
    Adam Smith a un amigo sobre la muerte de su madre,
      Margaret Douglas 45
    Veronica Franco a una madre 47
    Petrarca a la emperatriz Ana, que acaba de dar a luz ... 52
    Samuel Johnson a James Elphinston 60
    Antonio Gramsci a su madre, Giuseppina Marcias 62
    Marqués de Sade a Charles Quesnet 64
V. La madre, testigo de las hazañas de sus vástagos 65
    Arthur Rimbaud a su madre, Vitalie Rimbaud 67

Oscar Wilde a su madre, Jane Wilde 69

José Martí a su madre, Leonor Antonia de la
   Concepción Micaela Pérez y Cabrera 72

Friedrich Engels a su madre, Elisabeth Engels 74

VI. Confidente de sus vivencias, sentimientos y emociones
   interiores 77

Guy de Maupassant a su madre, Laure Le Poittevin 79

Leopold von Sacher-Masoch a su madre,
   Charlotte von Masoch 81

Federico García Lorca a su madre,
   Vicenta Lorca Romero 82

VII. Retrato de una heroína, mi madre 85

James Joyce a Nora Barnacle sobre su madre,
   Mary Jane Murray 87

Emily Dickinson a Elizabeth Holland sobre su madre,
   Emily Norcross 89

VIII. Sin remedio, ¡madre mía! 91

Honoré de Balzac a su madre, Anne-Charlotte-Laure
   Sallambier 93

Lord Byron a su hermana, Augusta Byron, sobre su
   madre, Catherine Gordon Byron 96

Miguel de Unamuno a su madre, Salomé de Jugo 99

IX. A la altura de la madre 101

María Antonieta a su madre, María Teresa I de Austria .. 103

Infanta doña María de Portugal a su madre,
   doña Leonor de Austria 106

Louisa May Alcott a su madre, Abby May, al acabar
   su primera novela, *Mujercitas* 108

Friedrich Nietzsche, tras una resaca, a su madre,
   Franziska Oehler 110

X. La madre, la última salvadora 113

Charles Baudelaire a su madre, Caroline Baudelaire,
   antes del Consejo de Familia 115

Única carta conservada de Paul Verlaine a su madre,
    Élisa Stéphanie Dehée   117
Arthur Rimbaud a su madre, Vitalie Rimbaud   118
XI. El paso de hija a madre (o no): el embarazo, el parto,
    la maternidad...   121
    María Antonieta, embarazada, a su madre,
        María Teresa I de Austria   123
    George Sand a su madre, Sophie Victoire Dupin,
        sobre dejar de dar el pecho   126
    George Sand a su madre, Sophie Victoire Dupin,
        sobre cosas de madre   128
XII. De la madre al cielo: cartas estelares   131
    Antonio Machado a su madre, Ana Ruiz
        Hernández   133
    Gustave Flaubert a su madre, Caroline Flaubert   136
    Rainer Maria Rilke a Ellen Key   141
XIII. Suplentes: madres sustitutas   145
    La suegra   147
    Marianne Elisa de Lamartine a su esposo,
        Alphonse de Lamartine, sobre la muerte
        de la madre del poeta, Françoise-Alix de Lamartine,
        su suegra.   147
    Antonio de Orleans a su suegra, Isabel II   149
    Franz Kafka a su futura suegra, Anna Bauer,
        que nunca llegó a serlo   153
    Harriet Beecher Stowe a su marido, Calvin Stowe . . .   155
    Edgar Allan Poe a su suegra, Maria Clemm   158
    Segunda madre, madre adoptiva   161
    Alejandro Dumas hijo a George Sand   161
    Simón Bolívar a su hermana, María Antonia,
        sobre su madre adoptiva, Hipólita Bolívar   162
    Lev Tolstói a su madre adoptiva, T. A. Ergolskaia . . .   163

La nodriza 166
 Robert Louis Stevenson a su nodriza, Alison
  Cunningham 166
XIV. Mamitis, falta de madre 169
 Marcel Proust a su madre, Jeanne Weil Proust 171
 Marcel Proust a su madre, Jeanne Weil Proust, un mes
  después de fallecer su padre, Adrien Proust 173
 Guy de Maupassant a su madre, Laure Le Poittevin 175
 George Sand a su madre, Sophie Victoire Dupin 177
 Fernando Pessoa a João Gaspar Simões 178
 Gustave Flaubert a su madre, Caroline Flaubert 180
 Charles Baudelaire a su madre, Caroline Baudelaire ... 182
 Friedrich Hölderlin a su madre, Johanna Christiana
  Gock 184
 Vicente Huidobro a su madre, María Luisa Fernández .. 186
 Maurice Ravel a su madre, Marie Delouart 190
 Charles Baudelaire a su madre, Caroline Baudelaire ... 191
XV. La madre como enfermedad 197
 Sigmund Freud a Wilhem Fleiss sobre el complejo
  de Edipo 199
 Gustave Flaubert a su madre, Caroline Flaubert 202
 Charles Baudelaire a su editor, Auguste
  Poulet-Malassis 205
 Rainer Maria Rilke a Lou Andreas-Salomé 206
XVI. Todo por mi madre 209
 Napoleón Bonaparte a su madre, Leticia, tras la muerte
  de su padre, Charles Bonaparte 211
 Charles Baudelaire a su madre, Caroline Baudelaire ... 212
 Honoré de Balzac a su hermana, Laure Balzac, sobre
  su madre, Anne-Charlotte-Laure Sallambier 214
 Honoré de Balzac a su madre, Anne-Charlotte-Laure
  Sallambier 215
 Gustave Flaubert a su madre, Caroline Flaubert 218

Isabel II a su madre, María Cristina de Borbón-Dos
    Sicilias 220
Stefan Zweig a su madre, Ida Zweig 221
Séneca a su madre: Consolación a Helvia 223
Carlos Gardel a su vieja, Berthe Gardes 229
XVII. La despedida de la madre: últimos suspiros,
últimas cartas 231
Muerte de la madre 233
    Hans Christian Andersen a su padre, Hans Andersen,
      sobre la muerte de su madre, Anne Marie
      Andersdatter 233
    Marcel Proust a la señora Catusse sobre la muerte
      de su madre, Jeanne Proust Weil 234
    Marcel Proust a Georges de Lauris, que acababa
      de perder a su madre 235
    Petrarca al cardenal Guy de Boulogne, condolencias
      por la muerte de su madre 236
    Wolfgang Amadeus Mozart a Joseph Bullinger 241
    Ludwig von Beethoven a Joseph Wilhelm von
      Schaden...................................... 243
    Emily Dickinson a sus primos 245
    Gaetano Donizetti a Antonio Dolci 247
    Sigmund Freud a Max Eitingon 248
    Última carta de Samuel Johnson a su madre,
      Sarah Johnson 249
    Harriet Beecher Stowe a su hermano, Charles
      Beecher 250
Muerte del vástago: última carta antes de fallecer 254
    Última carta de Rimbaud a su madre, Vitalie
      Rimbaud 254
    Última carta de Guy de Maupassant a su madre,
      Laure Le Poittevin 255

Última carta de María Antonieta a su madre, María
    Teresa I de Austria 256
Última carta de Julia Conesa, una de las Trece Rosas,
    a su madre, Dolores 257
Última carta a su madre del kamikaze japonés
    Ichizō Hayashi 258
El dolor comunicado a la madre 259
Eugenia de Montijo a su madre, María Manuela
    Kirkpatrick, sobre la muerte de su hijo, Napoleón   259
Alphonse de Toulouse-Lautrec a su madre,
    Gabrielle, sobre la muerte de su hijo, Henri de
    Toulouse-Lautrec 261
XVIII. El duelo inconsolable, imposible tras la muerte
de la madre 263
Marcel Proust a su amigo Maurice Barrès 265
Solange Sand sobre el duelo por su madre, siete años
    después de su fallecimiento 266
H. P. Lovecraft a Rheinhart Kleiner sobre el duelo
    por su madre, Sarah Susan Phillip 267
H. P. Lovecraft a Anne Tillery Renshaw sobre el duelo
    por su madre, Sarah Susan Phillip 269
Gabriela Mistral a un amigo sobre la muerte de su madre,
    Petronila Alcayaga 271

Nota bene sobre esta edición 273
Agradecimientos 279
Bibliografía 281
Carta a la madre para rellenar 287

INTRODUCCIÓN

Este libro reúne una selección de las más emocionantes, llamativas y superlativas cartas escritas a las madres por parte de su descendencia a lo largo de la historia. Recoge un centenar de cartas enviadas por personas de todos los tiempos y de varios continentes. Las misivas están organizadas de manera sentimental, siguiendo el hilo temático de las relaciones que se expresan en la correspondencia, en lugar de guardar la ordenación cronológica habitual.

A través de todas las huellas epistolares que esparce la figura materna, este volumen esboza un retrato de la potencia misteriosa de la madre, aún en vigor, y pronuncia un discreto —pero incondicional— elogio a las madres del mundo entero.

I

HISTORIA DEL DÍA DE LA MADRE EN ESTADOS UNIDOS Y ESPAÑA

La historia de la celebración del día de la Madre difiere en cada país, pero se inicia en Estados Unidos. La carta escrita por la militante católica Julia Ward Howe en 1870, como reacción a la barbarie de la Guerra Civil y en homenaje al papel destacado que desempeñaron las mujeres, impulsó un movimiento que resultó decisivo para que el presidente Woodrow Wilson instituyera el día de la Madre en 1914.

JULIA WARD HOWE, «LLAMAMIENTO A TODAS LAS MUJERES DEL MUNDO»

«En nombre de todas las mujeres y de la humanidad, pido encarecidamente que se fije y celebre un congreso general de mujeres».

Una vez más, ante los ojos del mundo cristiano, dos grandes naciones han consumido su habilidad y poder en el asesinato mutuo. Una vez más, las cuestiones sagradas de la justicia internacional se han sometido a la fatal mediación de las armas de guerra. En esta época de progreso, en este siglo de la luz, se ha permitido que la ambición de los gobernantes trueque los queridos intereses de la vida doméstica por los sangrientos intercambios del campo de batalla. Así han hecho los hombres. Así lo harán los hombres. Pero las mujeres ya no tienen que formar parte de los procedimientos que llenan al mundo de pena y horror. A pesar de los postulados de la fuerza física, la madre tiene una palabra sagrada e imperativa que decir a sus hijos, que deben la vida a su sufrimiento. Esa palabra debe ser escuchada y contestada como nunca antes.

¡Alzaos, pues, mujeres cristianas de hoy! ¡Alzaos, todas las mujeres con corazón, ya sea vuestro bautismo de agua o de lágrimas! Decid con firmeza: No permitiremos que las cuestiones significativas las decidan organismos irrelevantes. No permitiremos que nuestros maridos vengan a nosotras, apestando a matanzas, en busca de caricias y aplauso. No consentiremos que nos arranquen a nuestros hijos para que olviden todo lo que hemos podido enseñarles sobre la caridad, la misericordia y la paciencia. Nosotras, mujeres de un país, sentiremos demasiada ternura hacia las de otro país, para permitir que nuestros hijos sean instruidos para herir a los suyos. Desde el seno de este mundo devastado se eleva una voz que se une a la nuestra. Dice: ¡Desarme, desarme! La espada del asesinato no es la balanza de la justicia. La sangre no limpia el deshonor, ni la violencia justifica la posesión. Al igual que los hombres a menudo han abandonado el arado y el yunque en respuesta al llamamiento a la guerra, que las mujeres dejen ahora todo lo que pueda quedar del hogar para celebrar un gran día de reunión y consejo.

Que se reúnan primero, como mujeres, para llorar y homenajear a los muertos. Que luego se aconsejen solemnemente unas a otras respecto a los medios para que la gran familia humana pueda vivir en paz, el hombre como hermano del hombre, y que cada una deje tras de sí la sagrada impronta, no del César, sino de Dios.

En nombre de todas las mujeres y de la humanidad, pido encarecidamente que se fije y celebre un congreso general de mujeres, sin exclusión de nacionalidad, en el lugar que se considere más conveniente, y que sea desde el principio coherente con sus objetivos, para promover la alianza de las diferentes nacionalidades, para resolver amistosamente las cuestiones internacionales, los grandes y generales intereses de la paz.

JULIO MENÉNDEZ GARCÍA, «HIMNO DE LA MADRE»

En España, el principal activista de esta digna causa fue el poeta valenciano Julio Menéndez García, quien en 1925 publicó el «Himno de la madre» y lo envió a las Cortes Valencianas para que se creara este día.

**«Hay un amor en la vida que supera
a todos los amores: el amor de la madre».**

JULIO MENÉNDEZ GARCÍA
HONREMOS A NUESTRAS MADRES
HIMNO DE LA MADRE
Folleto propulsor de la celebración del día de la Madre
en España y en las naciones de habla española.
Llamamiento a los Gobiernos, al clero y a la prensa
solicitando su cooperación.

Valencia, septiembre de 1925

UN RUEGO

Para mejor lograr el acrecentamiento del amor filial y veneración a la madre, que el autor persigue, se ruega a todos que constituyan este Himno en regalo de unas personas a otras; a los señores profesores de colegios particulares y escuelas nacionales, que lo adopten para ejercicio de lectura y memoria de los niños, y de premio a los aplicados; a las librerías que lo pongan a la venta al público, mediante los revendedores de periódicos el día de la Madre y siempre que se cante el himno; y a los señores directores de banda, orquesta y quintetos, etc., que procuren ponerlo en programa con alguna insistencia, en honor de sus madres y de las madres de todos.

Carta a las Cortes valencianas del poeta valenciano Julio Menéndez García, diciembre de 1926, incluyendo el «Himno de la madre» (1925).

Muy respetable señor mío: Adjunta, me es grato enviarle una transcripción del artículo de fondo de *La Nación*, de Madrid, del 30-12-26, a la vez que le ruego se digne interesarse por que esa Diputación de que es usted digno presidente, eleve un escrito al Gobierno, apoyando el establecimiento del día de la Madre.

Adjunta asimismo la letra de otros himnos que he compuesto, cooperando en la obra cultural del Gobierno y quedo suyo atentamente S.S. q.s.m.b.

JULIO MENÉNDEZ

Su iniciativa fue reseñada en un artículo publicado en el semanario La Unión Ilustrada *(1925).*

EL DÍA DE LA MADRE

Un dignísimo jefe de Correos, don Julio Menéndez García, que presta sus servicios en Carlet (Valencia), ha pedido al Directorio la implantación de «el día de la Madre» en España.

La idea no puede ser más hermosa y digna de aplauso. La acogemos en nuestra revista, divulgándola, para que sea pronto una feliz realidad y su celebración resulte grandiosa en todas las poblaciones de España.

A continuación insertamos el llamamiento que el señor Menéndez García ha dirigido al Gobierno, al clero y a la prensa, solicitando su colaboración.

LLAMAMIENTO

Hay un amor en la vida que supera a todos los amores: el amor de la madre.

Rindámosle culto especialísimo, implantando el DÍA DE LA MADRE en nuestras naciones, y celebrando tan hermosa fiesta con todo el fervor de nuestro corazón.

Si su existencia sobre la tierra es un perenne manantial del amor más abnegado en beneficio nuestro, ¿qué menos podemos hacer que dedicar un día al año a honrarla y demostrarle, de especialísima manera, nuestro cariño?

Implántese, pues, tan honrosa fiesta, fijando para celebrarla un domingo de junio o de septiembre, a fin de no mermar el rendimiento del trabajo semanal.

EL DÍA DE LA MADRE debe ser de rica floración espiritual, y por eso habrá de celebrarse con actos en que el Arte ponga en juego los estímulos más nobles de su belleza y emoción, y la Religión las máximas y consejos más elevados, no creyendo necesario hacer ninguna otra indicación sobre el particular, pues cada pueblo, dentro de sus propios recursos e iniciativas, ideará la manera de honrar dignamente a la madre, de tal suerte que su día sea fecundo en los más excelentes frutos de amor filial indestructible y de los más firmes propósitos de virtud y amor al hogar.

Espero que todos acogerán la idea con gran entusiasmo, y que si los Gobiernos y el clero rivalizaran por que la implantación de esa fiesta sea inmediata y su celebración grandiosa, la prensa, por su parte, se esforzará en prender la llama del entusiasmo en sus lectores, mientras que todos los buenos hijos recibirán con gran satisfacción la idea y se dispondrán a celebrar tan hermosa fiesta en honor de sus madres con todo el fervor de sus almas y el más acendrado cariño de su corazón.

II

DÍA DE LA MADRE: CARTAS DE NIÑOS A SU MADRE, ¡FELIZ DÍA DE LA MADRE!

Las cartas a la madre son especialmente emocionantes cuando provienen de niños, sobre todo cuando estos están destinados a ser grandes personajes de la historia.

EUGÈNE DELACROIX A SU MADRE, VICTOIRE ŒBEN

«Madre bondadosa, celebramos tu fiesta».

1806

En el día de hoy, madre bondadosa, celebramos tu fiesta. El mejor ramo de flores que te puedo regalar es el de cumplir con mis deberes. Es la mejor muestra de afecto que te puedo dar, bien lo sé, pero siempre busco la ocasión de satisfacerte, querida mamá, como pueda. Siempre pienso en ti y en mis pensamientos eres la mejor de las madres.

EUGÈNE DELACROIX

FRÉDÉRIC CHOPIN A SU MADRE, JUSTYNA KRZYŻANOWSKA

«Que tengas la más larga y satisfactoria vida».

16 de junio de 1817

¡Te felicito, mamá, en tu santo! Que los cielos cumplan lo que siento en mi corazón: que siempre estés bien y seas feliz, y que tengas la más larga y satisfactoria vida.

F. CHOPIN

III

DECLARACIÓN DE AMOR FILIAL

Por suerte, algunas cartas a la madre se abstraen del mundo tangible y de las necesidades de su descendencia. Entonan, pues, una esplendorosa y merecida declaración de amor a la madre.

HONORÉ DE BALZAC A SU MADRE, ANNE-CHARLOTTE-LAURE SALLAMBIER

«¿Podré jamás compensarte con ternura
y amor todo lo que tú haces por mí?».

Angulema
20 de julio de 1832

Mi buena y excelente madre, después de haberte escrito con tanta prisa, ayer, me arrolló la ternura más completa cuando leí la carta que me escribes, y después de una hora durante la cual te adoré, no tuve fuerzas para escribirte, así que he esperado hasta esta mañana. Pobre madre, ¿cómo podré compensarte, cuándo te compensaré y podré jamás compensarte con ternura y amor todo lo que tú haces por mí?

[HONORÉ]

JOSÉ MARTÍ A SU MADRE, LEONOR ANTONIA DE LA CONCEPCIÓN MICAELA PÉREZ Y CABRERA

«Con usted se me escapa el alma».

15 de mayo de 1894

Madre querida:

Usted no está aún buena de sus ojos, y yo no me curo de este silencio mío, que es el pudor de mis afectos grandes y mi modo de queja contra la fortuna que me los roba y como venganza de esta fatal necesidad de hablar y escribir tanto en las cosas públicas, contra esta pasión mía del recogimiento, cada vez más terca y ansiosa.

Pero mientras haya obra que hacer, un hombre entero no tiene derecho a reposar. Preste cada hombre, sin que nadie lo regañe, el servicio que lleve en sí. ¿Y de quien aprendí yo mi entereza y mi rebeldía, o de quién pude heredarlas, sino de mi padre y de mi madre?

Ahora voy al Cayo, por unos cuantos días y de allí sigo mi labor, más pura, madre mía, que un niño recién nacido, limpia como una estrella, sin una mancha de ambición, de intriga o de odio. Y ve —¿cuántas veces no se lo he dicho?— por qué no puedo escribirle.

A otros puedo hablar de otras cosas. Con usted se me escapa el alma, aunque usted no pruebe con el cariño que yo quisiera sus oficios; y a esa tierra infeliz donde usted vive no le puedo escribir sin imprudencia o sin mentira.

Mi pluma corre de mi verdad: o digo lo que está en mí, o no lo digo. Luego, este hablar de sí mismo, tan feo y tan enojoso. Déjeme emplear sereno, en bien de los demás, toda la piedad y orden que hay en mí. Y crea, porque es lo cierto, que en nada pudiera su hijo estar empleado. [...]

Sí, quisiera que me escribiesen todos [...]. Y que me escribiesen sin pena, como si me estuviesen viendo todos los días. Yo las estoy viendo siempre, a mi Chata romántica, a mi Carmen digna, a mi dolorosa Amelia, a mi sagaz Antonia: yo no ceso de verlas un instante. Un rayo dejó una vez mudo a un hombre; ¿y no quieren que haya enmudecido yo?

A usted, madre mía, ni una palabra. La quiero y la sufro demasiado para eso. Toda la verdad y la tristeza de su hijo.

José

MIGUEL HERNÁNDEZ A SU MADRE, CONCEPCIÓN GILABERT

«Madre, me acuerdo mucho de ti».

Alicante
5 de enero de 1942

Mi querida madre:

Me encuentro francamente mejor. Un poco débil, como advertirás en la letra, pero dispuesto a ponerme bien pronto, y además fuerte. Ha sido un principio de tifus, según el resultado del análisis de sangre que se me hizo. Hoy ya no existe ningún peligro. Tengo ganas de tener unas letras tuyas y saber de ti, de la tía Antonia y demás familia. No quiero que se te ocurra venir hasta que llegue el buen tiempo, a pesar de las ganas tan grandes que tengo de verte. Esta primavera vendrás, si no se me ocurre a mí ir antes.

Madre, me acuerdo mucho de ti. No sufras, come, cuídate y ya vendrán mejores tiempos. Ya estoy aquí en la enfermería de la prisión, un poco impaciente de llevar treinta y siete días en cama, y eso que es la primera vez que duermo en ella después de dos años y medio de prisión (un poco más).

Bueno, vieja, se me cansa la mano y te voy a abrazar, no es muy fuertemente, porque no puedo, pero sí con las fuerzas necesarias con que cuento actualmente.

Hasta la tuya te saluda y abraza otra vez tu hijo Miguel.

ROBERT SCHUMANN A SU MADRE, CHRISTIANE SCHNABEL

«Solo a ti debo mi vida feliz, mis expectativas de contar con un futuro alegre y sereno».

Monheim, cerca de Nüremberg
2 de abril de 1828

Pienso en ti a menudo, mi buena y querida madre, y en todas las excelentes máximas con las que me armaste para la batalla de la vida… Querida madre, ¡cuántas veces te he ofendido y he malinterpretado tus sabias intenciones! Perdona a tu hijo, que espera expiar las faltas de su exaltada juventud con buenas acciones y una vida virtuosa. ¡Qué extraordinario ascendiente tienen los padres sobre sus hijos! Al quedar huérfano de padre, tengo aún mayores obligaciones para contigo, queridísima madre. Solo a ti debo mi vida feliz, mis expectativas de contar con un futuro alegre y sereno. Que tu hijo se muestre digno y responda siempre al amor de su madre llevando una buena vida. Pero tú debes ser, como siempre, mi madre bondadosa e indulgente, y juzgarme con benevolencia cuando cometa una transgresión, amonestarme con delicadeza cuando mis extravagancias me adentren en exceso en el peligroso laberinto de la vida. Jean Paul dice: «La amistad y el amor recorren este mundo casi velados y con los labios sellados, y ningún hombre habla de su amor a otro, porque el alma no tiene forma de hablar; pero los niños pueden revelar su amor, expresar en voz alta su devoción al corazón de sus padres, y reintegrar adoración por amor…».

[ROBERT]

FIÓDOR DOSTOIEVSKI A SU MADRE, MARIA DOSTOIEVSKAIA

«Cuando ahora pienso en ti, me invade tal tristeza
que resulta imposible ahuyentarla».

[Moscú, abril-mayo de 1834]

Querida mamá:

Una vez te fuiste, querida mamá, empecé a echarte muchísimo de menos, y cuando ahora pienso en ti, querida mamá, me invade tal tristeza que resulta imposible ahuyentarla. ¡Si supieras cuánto me gustaría verte! Apenas puedo esperar a que llegue ese feliz momento. Cada vez que pienso en ti rezo a Dios por tu salud. Haznos saber, querida mamá, si has llegado bien, dale un beso a Andryushenka y Verochka de mi parte. Beso tus manos y seguiré siendo tu hijo obediente.

F. DOSTOIEVSKI

RICHARD WAGNER A SU MADRE, JOHANNA ROSINE WAGNER

«Sé que, si todo lo demás me abandonara, seguirías siendo mi último y más querido refugio».

Carlsbad
25 de julio de 1835

Solo de ti, querida madre, puedo pensar con el más sincero amor y la más profunda emoción. Lo sé, hermanos y hermanas deben seguir su propio camino, cada uno tiene la mirada puesta en sí mismo, en su futuro y en el entorno relacionado con ambos. Así es, y yo mismo siento que llega un momento en que estos caminos se separan, cuando nuestras relaciones recíprocas se rigen en exclusiva por las apariencias; nos convertimos en meros diplomáticos que no se involucran, guardamos silencio cuando el silencio parece prudente y hablamos cuando nuestra opinión sobre algún asunto así lo exige; y cuando estamos lejos, separados unos de otros, es cuando más hablamos. Pero ¡oh, cuán por encima se eleva el amor de una madre sobre todo eso!

Sin duda, yo también soy de los que no siempre pueden expresar al momento lo que les dicta el corazón, aunque tú has llegado a ver con frecuencia una parte de mí mucho más tierna. Pero mis sentimientos no han cambiado; y mira, mamá, ahora que te he dejado, el de agradecimiento por el gran amor mostrado hacia tu hijo, que tan cálidamente y con tanta ternura volviste a manifestarle el otro día, tanto me subyuga que de buen grado te escribo para contártelo, con tanta devoción como la que profesa un amante a su amada. Sí, y con aún más devoción, porque ¿no es el amor de una madre muchísimo más impoluto que cualquier otro?

No, no voy a ponerme a filosofar aquí, solo quiero agradecértelo, y volver a agradecértelo, y con qué gusto contaría todas las pruebas de amor que agradezco, si no fueran demasiadas. [...] ¿No has sido tú la única que se ha mantenido inalterablemente fiel a mí cuando otros, a juzgar por los meros resultados externos, me dieron filosóficamente la espalda? Sería irrazonable pedirles a todos un afecto semejante; de hecho sé que no es posible, lo sé por mí mismo; pero en ti todo aflora del corazón, ese buen corazón que pido a Dios que siga inclinado hacia mí, porque sé que, si todo lo demás me abandonara, seguirías siendo mi último y más querido refugio. Oh, madre, ¿qué pasaría si murieras de forma prematura, antes de poder demostrarte plenamente que era un hijo digno a quien profesabas tan gran amor, antes de manifestar mi ilimitada gratitud? Pero no, eso no puede ser; aún debes saborear abundantes frutos. Ah, el recuerdo de esta última semana contigo es una fiesta perfecta para mí, para invocar ante mi alma cada una de las muestras de tu amoroso cuidado. Mi queridísima madre, ¡qué miserable sería yo si mostrara indiferencia hacia ti!

[...]

Mi queridísima madre, mi buen ángel, deseo sinceramente que te vaya bien, y no te preocupes, tienes un hijo agradecido que nunca nunca olvidará lo que eres para él,

TU RICHARD

T. E. LAWRENCE A SU MADRE, SARAH JUNNER

**«¿Acaso no sientes que te queremos
sin que te lo digamos?».**

Oficina de Inteligencia Militar,
El Cairo
10 de junio de 1915

Mi querida y pobre madre:

Recibí tu carta esta mañana, y me ha apenado mucho. Nunca, jamás, nos entenderás a ninguno de nosotros ahora que hemos madurado un poco. ¿Acaso no sientes que te queremos sin que te lo digamos? Me siento un despreciable gusano por tener que escribir de esta manera sobre las cosas. Si entendieras que, si uno reflexiona sobre algún tema, preferiría morir antes que decir algo al respecto. Sabes que casi todos los hombres mueren riendo, porque son conscientes de que la muerte es terrible, algo que conviene olvidar hasta después de que llegue.

Ya está, deja eso a un lado y mira el mundo con valentía con respecto a Frank. En una época de tan terrible tensión en nuestro país es preciso tener mucho cuidado, no vaya a ser que uno de los más débiles se ofenda: y ya sabes que nosotros siempre fuimos de los fuertes, y si te ven rota todos temerán por los suyos en el frente.

La última carta de Frank es muy bonita, y no deja ningún pesar tras él.

Aquí no hacemos nada. Hay una inercia oficial contra la que uno se siente muy impotente. Pero no creo que tengamos que esperar mucho más.

No fui a despedirme de Frank porque él hubiera preferido que no lo hiciera. Sabía, además, que había pocas probabilidades de volver a verlo, por lo que consideré mejor que no hubiera despedida.

T. E. L.

IV

¡GLORIA A LAS MADRES!

Algunos autores se atreven a expresar en sus
cartas un elogio absoluto a la figura materna, ya sea
a su propia progenitora o a las madres en general.

ANTÓN CHÉJOV A MIJAÍL MIJÁILOVICH CHÉJOV

«Mi padre y mi madre son las únicas personas sobre la tierra para las que nunca nada me parecerá demasiado bello».

Taganrog
29 de julio de 1877

Querido primo Misha:

En primer lugar, te felicito por haber vuelto a Moscú desde Kaluga sin incidentes y, en segundo lugar, por la celebración de este matrimonio. […]

¡Los míos me han escrito que dirigiste las bodas de maravilla! Tengo el deseo, muy vivo, de que muchas hermanas disfruten de hermanos como tú. Nosotros no podremos hacer, ni entre todos, tanto por nuestra única hermana como tú has hecho por las tuyas (incluidas las primas). ¡Te mereces gloria y honor! Solo una cosa lamento: no haber estado en la boda ni haber bebido contigo, como hicimos en Moscú. Porque a mí me gustan todas las farras imaginables, las farras rusas, con danzas, bailes y borracheras… En fin, nuestro hermano Isaac no tiene nada que ver con Akaki. Cuando escribo esta carta, me encuentro de maravilla. Espero que te encuentre con buena salud y con un humor excelente. He recibido tu invitación del 16 de julio y te doy mil gracias por haber pensado en mí. ¿Por qué no me escribes? ¡Escríbeme, hermanito! Todos los días espero una carta de tu puño y letra. Dime cómo te van las cosas, cómo le van a tu familia, cómo le va a Elizabeta Mijáilova, a quien no tuve tiempo de conocer bien. Mándale a Gricha el saludo más reverente. Cuando veas a mi padre, dile que he recibido su querida carta y que se lo agradezco mucho. Mi padre y mi madre son, para mí, las únicas personas sobre la tierra para las que nunca nada me parecerá demasiado bello. Si algún día llego a ser cualquier cosa, será gracias a ellos. Son unas personas excelentes y, por sí mismo, este amor sin límites que dan a sus hijos los coloca por encima de todo elogio, borra todos los defectos que pueda provocar una vida difícil. Les reserva un camino suave y directo en el que creen y esperan como pocos de nosotros.

Cuida un poco de tus primos y de la situación de tu tío y tía, te lo agradeceré. Dile a mi madre que he enviado dos paquetes con dinero y que me sorprende que no hayan llegado.

[ANTÓN]

ADAM SMITH A UN AMIGO SOBRE LA MUERTE DE SU MADRE, MARGARET DOUGLAS

Adam Smith, el padre del liberalismo, se despide de su buena madre con esta carta triste. Solo cabe añadir que Smith vivió toda su vida en la casa de su madre, entregado a su gran obra intelectual, sin fregar un plato ni colaborar en las tareas o en la economía domésticas. Este gran economista, tanto en su propia vida como en su pensamiento, hizo caso omiso del sacrificio de su madre por su carrera, del valor de las labores domésticas y de la importancia de los cuidados femeninos.

«La separación definitiva de una persona que me quería más de lo que cualquier otra me querrá nunca es como si alguien me hubiera asestado un fuerte golpe».

23 de mayo de 1784

[…] Venía de cumplir el último deber con mi pobre y anciana madre. Aunque la muerte de una persona en el nonagésimo año de vida es, sin duda, un acontecimiento de lo más agradable para el curso de la naturaleza —y, por lo tanto, que puede ser previsto y para lo que cabe prepararse—, debo decirte, sin embargo, lo que ya he explicado a otras personas; que no puedo evitar sentir, incluso en este momento, que la separación definitiva de una persona que ciertamente me quería más de lo que cualquier otra persona me ha querido o me querrá nunca, y a quien ciertamente quise y respeté más de lo que jamás querré o respetaré a ninguna otra, es como si alguien me hubiera asestado un fuerte golpe. No obstante, incluso en este estado emocional, me preocupa mucho saber que se ha deteriorado tu salud y tu ánimo. El buen tiempo, espero, restablecerá pronto ambos en tu habitual vigor. Mis amigos cada vez son más escasos en este mundo, y no creo que los nuevos puedan ocupar su lugar. [...]

Mi querido amigo,
fiel y afectuosamente siempre tuyo,

ADAM SMITH

VERONICA FRANCO A UNA MADRE

Veronica Franco fue una gran poetisa veneciana del siglo xv, a la vez que una de las más famosas cortesanas. Fue iniciada en este oficio por su propia madre, pero, pese al éxito que cosechó como cortesana, Veronica consideró fundamental apartar a cualquier otra mujer de dicha profesión. De esa voluntad surge esta carta tan noble y sorprendente que escribió a una compañera suya, que quería alistar a su hija en este oficio: carta de madre a madre por el bien de sus hijas.

«No permitas que la carne de tu desdichada hija no solo sea cortada en pedazos y vendida, sino que tú misma te conviertas en su carnicero».

Venecia, 1580

ADVERTENCIA A UNA MADRE QUE SE PLANTEA CONVERTIR A SU HIJA EN CORTESANA

El hecho de que vayas por ahí quejándote de que ya no estoy dispuesta a que vengas a mi casa a verme, queriéndote tanto como te quiero, me molesta menos que el que tenga una buena razón para ello. Ya que lo consideras injusto y te has quejado de mí sin cesar, quiero responderte a través de esta carta en un último intento por disuadirte de tu malvada intención, debiéndote mayor amistad que nunca si aceptas mi veraz argumento; o, si no lo haces, para disipar toda esperanza de volver a hablarme. Estoy ansiosa por cumplir con este deber hacia ti porque, en la medida en que me eximo de tus acusaciones, también cumplo con una obligación humana al mostrarte un escarpado precipicio oculto en la distancia y al gritar antes de que llegues a él, para que tengas tiempo suficiente de evitarlo. Aunque se trata principalmente del bienestar de tu hija, también me refiero a ti, pues su ruina no puede separarse de la tuya. Y como eres su madre, si acaba prostituyéndose, te convertirías en su intermediaria y merecerías el más duro castigo, mientras que su error quizá no sería del todo inexcusable porque lo habría causado tu fechoría.

Sabes cuántas veces te he rogado y advertido que protejas su virginidad. Y como este mundo está tan lleno de peligros y es tan incierto, y las casas de las pobres madres nunca están a salvo de las maniobras amorosas de los jóvenes lujuriosos, te mostré cómo debías protegerla del peligro y ayudarla enseñándole sobre la vida de tal manera que puedas casarla decentemente. Te ofrecí toda la ayuda que me fue posible para asegurar que fuera aceptada en la Casa delle Zitelle, y también te prometí, si la llevabas allí, ayudarte con todos los medios a mi alcance. Al principio me diste las gracias y parecías escucharme y estar bien dispuesta a mi afectuosa oferta. Juntas nos pusimos de acuerdo en lo que había que hacer para que fuera aceptada allí, y estábamos a punto de llevar a cabo nuestro plan cuando, no sé por qué, cambiaste de opinión. Donde antes la hacías aparecer vestida con sencillez y con un peinado adecuado para a una chica casta, con velos cubriendo sus pechos y otros signos de modestia, de pronto la animaste a ser vanidosa, a teñirse el pelo y a maquillarse. Y de repente, la dejaste aparecer con rizos alrededor de la frente y por el cuello, con los pechos desnudos saliendo del vestido, con la frente alta y descubierta, y demás adornos que la gente utiliza para que su mercancía esté a la altura de la competencia.

Te juro, por mi fe, que cuando me la mostraste por primera vez tan disfrazada, apenas pude reconocerla, y te dije lo que la amistad y la caridad requerían. Pero tú, al tomar mis palabras como un insulto, como si hubiera hablado con malicia en mi propio interés, me demostraste que tenía razón en estar disgustada, como, de hecho, lo he estado desde entonces; de modo que no he hecho ningún esfuerzo por mantener la cercanía que una vez compartimos. Al contrario, he hecho que te dijeran que no estaba en casa o te he recibido con frialdad. He expresado mi angustia por ti y tu familia a otras personas, pensando que el quejarme ante ellas podría servirte de algo si te enterabas y que, si te repetían mis palabras, te lo reprocharían duramente. Y me han dicho que alguien cumplió con este deber, por afecto y por pensar que te vendría bien. Pero tú, que sigues siendo testaruda y terca, juraste por un lado que tu hija era una santa, mientras que por otro hiciste creer a la gente que poco le preocupaba su honor debido a las habladurías y al escándalo que tú, su madre, has provocado.

Ahora, por último, he querido asegurarme de escribirte estas líneas, instándote de nuevo a que tengas cuidado con lo que haces y a que no sacrifiques de un plumazo tu alma y tu reputación, junto con las de tu hija, que, considerada desde el punto de vista puramente carnal, en realidad no es muy bella (por no decir otra cosa, ya que mis ojos no me engañan) y tiene tan poca gracia e ingenio en la conversación que dan ganas de desistir y esperar que le vaya bien en la profesión de cortesana, algo en lo que ya resulta difícil triunfar aunque una mujer tenga belleza, estilo, buen juicio y dominio de numerosas habilidades. ¡Imagínate una joven que carece de muchas de estas cualidades o las tiene solo en grado medio! Y porque, persistiendo en tu error, podrías decir que tales cuestiones dependen del azar, respondo primero que nada peor puede hacerse en la vida que acceder a convertirse en un juguete de la fortuna, que tanto puede repartir el mal como el bien, aunque el primero con mayor facilidad. Cualquier persona con sentido común, para no acabar desengañada, basa sus esperanzas en lo que lleva dentro y en lo que puede ser capaz de hacer con su vida.

Añadiré que, por más que el destino le sea completamente favorable y bondadoso, se trata de una vida que siempre acaba en desdicha. Es algo miserable, contrario a la razón humana, someter el propio cuerpo y el trabajo a una esclavitud que aterra incluso al pensar en ella. Acabar presa de tantos hombres, a riesgo de que la desnuden, roben, incluso la asesinen, para que un hombre, un día, te arrebate todo lo que has adquirido de muchos durante tanto tiempo, junto con tantos otros peligros de sufrir lesiones y espantosas enfermedades contagiosas; comer con la boca de otro, dormir con los ojos de otro, moverse según la voluntad de otro, precipitándose obviamente hacia el naufragio de tu mente y cuerpo: ¿qué mayor miseria? ¿Qué riqueza, qué lujos, qué placeres pueden compensar todo esto? Créeme, entre todas las calamidades del mundo, esta es la peor. Y si a las preocupaciones mundanas añades las del alma, ¿qué mayor fatalidad y certeza de perdición puede haber?

Presta atención a lo que dice la gente, y en asuntos cruciales para la vida en la Tierra y para la salvación del alma, no sigas el ejemplo de los demás. No permitas que la carne de tu desdichada hija no solo sea cortada en pedazos y vendida, sino que tú misma te conviertas en su carnicero. Considera el resultado más probable; y si quieres observar otros casos, mira lo que ha sucedido y sucede cada día a la multitud de mujeres en esta ocupación. Si se te puede convencer con la razón, todos los argumentos de este mundo, y con más razón los del cielo, se oponen a ti y te instan a evitar este rumbo fatal. Devuelve tus esperanzas a Dios y aprovecha la ayuda que te ofrecen tus amigos.

En cuanto a mí, además de las promesas que ya te he hecho, y que tengo toda la intención de cumplir, pídeme que haga todo lo que pueda y estaré dispuesta a ayudarte de inmediato en todo lo viable; como ahora te ruego, en la medida de lo posible, que evites esta funesta posibilidad antes de que sea demasiado tarde. Porque una vez que hayas tirado la piedra al agua, te será muy difícil volver a sacarla de allí. Si haces lo que te pido, seré más amiga que nunca. Por la misma razón, si haces lo contrario, no podrás culparme por retirarte mi amistad, pues si persistes en esa desagradable conducta, cuantas más oportunidades y razones des a los demás para huir de ti, más te querrán, porque no soportarán verte caer en semejante desgracia sin poder ayudarte. No pasará mucho tiempo, quizá, antes de que tu propia hija, al reconocer el enorme daño que le habrás infringido, huya de ti más que nadie, sobre todo porque, como su madre, deberías haberla ayudado y, en cambio, la habrás explotado y arruinado. Y esto puede ser solo el principio de tu tormento. Que Nuestro Señor te salve de tu evidente intención de arruinar y corromper lo que has creado de tu propia carne y sangre. Por mucho que pudiera decirte, aún tendría más que decir sobre este tema. Así que no iré más allá, sino que dejaré que reflexiones con detenimiento antes de tomar cualquier decisión.

[VERONICA]

PETRARCA A LA EMPERATRIZ ANA, QUE ACABA DE DAR A LUZ

A la emperatriz Ana, felicitándola por el nacimiento de su hija, aun siendo niña; y aprovechando tal circunstancia para dedicarles muchas alabanzas a las mujeres.

«El sexo femenino no solo es glorioso por el parto, sino por su ingenio y múltiples virtudes».

Milán
23 de mayo de 1359

He recibido la carta de tu Serenidad, oh gloriosísima Augusta, con alegría y reverencia; y no sé si de ti me causa mayor admiración que muestres tanta sabiduría a tan temprana edad, o tan infrecuente y extraña cortesía como la que le dispensas a este tu humilde servidor, que se encuentra tan distante de ti como lo está casi todo el mundo, dignándote a participarme, con elocuentes palabras y en una carta sumamente familiar, la feliz noticia. Y no es a Lucina, como hacían tiempo atrás los gentiles, privados de la verdadera luz, sino a Cristo, creador de la luz y de la vida y de todas las cosas buenas, a quien quiero agradecérselo contigo hasta donde sé y puedo. Congratulándome no solo por ti, sino por todo el Imperio, te doy las gracias por esta deseada y jubilosa fecundidad de tu adolescencia; y así, con esta pobre carta, quiero agradecer tu indulgencia, pues no tengo otro don que ofrecerte en compensación por el gran don que me brindas.

Y no ha de ser menor tu alegría, ni la mía, ni la de nadie,

por que tu primer descendiente haya sido una niña, pues, como dicen los sabios, a menudo tras un débil principio viene una mejor fortuna. Quien aspira a grandes cosas acostumbra a empezar con humildes inicios; y así parece que ha obrado la naturaleza contigo, siendo este feliz primer parto promesa de otros aún más felices.

A mí y a cuantos solo desean recibir de ti y de tu ilustre consorte buenas noticias, nos basta con saber que ya has dado un nuevo vástago al romano Imperio: y no te detendrás aquí, sino que aquello que tan felizmente has comenzado, felicísimamente lo llevarás a buen término. Por de pronto, no cabe despreciar al sexo al que nuestro celeste emperador debe su origen; y gracias al cual, como dijo san Agustín, insigne maestro de verdades, a fin de que nadie creyera que uno de los dos sexos era considerado vil por el Creador, este se hizo hombre y nació de una mujer; y de la mujer nacieron los reyes de la tierra, primeros entre los hombres, y los sagrados emperadores, que ocupan el primer puesto entre los reyes.

A ello añado que el sexo femenino no solo es glorioso por el parto, sino por su ingenio y múltiples virtudes, y gestas y glorias para el reino. Por mencionar alguno de los muchos ejemplos de los antiquísimos griegos, Minerva fue la inventora de las distintas artes, y superó en ingenio a todos los hombres, por lo que se la denominó diosa de la sabiduría; Isis, hija de Ínaco, otorgó por vez primera la escritura a los egipcios; más próxima a nosotros, se dice que Carmenta, madre del rey Evandro, inventó la escritura que nosotros empleamos.

Safo, una joven griega, escribió obras que pueden estar a la altura de las de los más grandes poetas; una tal Proba, esposa de Adelfo, instruida en ambas lenguas, valiéndose de los versos homéricos de los griegos y de nuestros versos virgilianos, compuso un centón en el que resumía brevemente y por orden cronológico el origen del mundo y los hechos de los patriarcas, así como la venida y la historia de Cristo.

Dejo aparte a las Sibilas, mujeres inspiradas y proféticas, conscientes de que recibían consejo divino, y a quienes todos llamaban por el mismo nombre, aunque se sabe por Marco Varrón que fueron diez, de distintas edades y patrias; y también es del dominio común que gracias a sus profecías sobre el fin del mundo, y en especial sobre la llegada de Cristo, ambas cumplidas, nuestros doctores unieron el nombre de las Sibilas, común a todas ellas, con los de los santos profetas.

Pasemos a continuación a otras glorias obradas por mujeres. De Oritía, reina de las amazonas, por no mencionar a otras, se dice que era una guerrera tan hábil y valerosa, que entre los doce trabajos que Euristo, rey de Grecia, impuso al invicto Hércules, estaba la misión, considerada imposible, de apoderarse de las armas de aquella reina. Asimismo, también es digno de destacar el valor que mostraron Pentesilea en Troya y Camila en Italia.

¿Y quién no ha oído hablar del amor conyugal y del ánimo invencible de la reina Ipsicratea, pues ella sola, y con una fidelidad inquebrantable, acompañó en todas sus vicisitudes a su esposo Mitrídates, rey del Ponto, durante su gran y larga guerra con los romanos, no solo mientras su éxito era incierto, sino incluso cuando fue vencido y abandonado por los suyos? Con descuido de su belleza, de acreditada fama, cambió su vestimenta y se acostumbró a cabalgar, a llevar armas, a sufrir penalidades; esta mujer, que había sido educada entre lujosas exquisiteces, fue la única dicha y quizá el único consuelo de aquel rey infelicísimo. Las crónicas nos cuentan expresamente que entre los cartagineses, los espartanos, los teutones, los cimbros, todos ellos pueblos terriblemente belicosos, en algunas batallas se comportaron más valerosamente las mujeres que los hombres. Estos son grandes ejemplos, pero aún los hay mayores.

En cuanto a los asirios, Semíramis no solo fue su reina, sino que engrandeció admirablemente sus dominios tras luchar contra indios y etíopes: fundó, según cuentan, Babilonia, y con toda certeza la rodeó de amplias murallas. Cuando un día le anunciaron que en la ciudad había estallado una rebelión, mientras se estaba peinando como correspondía a su sexo, le entró tal ímpetu que, con una parte de la cabellera peinada y la otra suelta, tal como estaba, tomó las armas y corrió a reconquistar Babilonia; y la suerte recompensó su valor, pues logró reconducir la ciudad a la obediencia incluso antes de acabar de peinarse; y durante muchos siglos perduró en la ciudad como testimonio una estatua suya, que la representaba enfrentándose a la situación con aquel tocado.

En el caso de los escitas, Tomiris fue una reina tan valerosa que en una sola batalla exterminó a Ciro, el temido y célebre rey de Asia, junto con doscientos mil persas, y a modo de venganza y consuelo por la muerte de su hijo, como ofrenda a los manes del joven, le cortó la cabeza al rey y la sumergió en un odre lleno de sangre, para que así aplacara su cruel e insaciable sed sanguinaria. Cleopatra reinó sobre los egipcios, Zenobia gobernó a los persas y aspiró a que la llamaran la reina de Oriente, pues fue una mujer de grandes y acendradas virtudes, entre otras —no como en el caso de Cleopatra— de una castidad ejemplar, lo cual resulta doblemente digno de admiración, dada su rara belleza; tanto la una como la otra invadieron el Imperio romano con tal violencia que la primera logró que la victoria de Augusto fuera cuestionada, y la segunda fue motivo de temor para Aureliano en la batalla, y de orgullo después de que este venciera.

Pero, para que no todo se atribuya a la Antigüedad, en

nuestros tiempos la condesa Matilde poseyó una buena parte de Italia, fue una nada desdeñable émula del Imperio romano y emprendió guerras con ánimo viril, siendo severa con los suyos, implacable contra los enemigos y totalmente liberal con los amigos; y de su amplia y más que femenina generosidad puede dar testimonio, más que ninguna, la Iglesia romana. Otras cosas se cuentan, puede que menos notables, pero tanto o incluso más dignas de ser loadas. Estando una desdichada madre encarcelada y condenada a muerte, después de que finalmente se le concediera la gracia de dejarla morir de hambre, una de sus hijas logró que el carcelero accediera a su petición de visitarla, no sin antes ser registrada por si llevaba consigo algún alimento, y le dio de mamar a escondidas; y lo mismo hizo otra con su propio padre.

Esto pudo suceder en Roma o en Atenas, pues los escritores que yo conozco lo atribuyen a ambas ciudades; por lo demás, el hecho no desentona con las costumbres propias de estas urbes, y bien podría haber acontecido en una o en la otra, sobre todo teniendo en cuenta que hay quienes creen que la joven era la hija de Cimón, gran capitán de los atenienses, mientras que otros dicen que se trataba de una mujer humilde y desconocida.

Pero, dejando aparte las hipótesis, y siguiendo con la narración del hecho, tras extrañarse de que una vida sin alimento se prolongase tanto, y después de que los carceleros recelasen y descubriesen lo que sucedía, fueron informados del caso el triunviro responsable de las ejecuciones capitales, así como el pretor que había dictado la sentencia, y finalmente el cónsul; y entonces, tras una deliberación digna de la gentileza ática y de la magnanimidad romana, a los reos les fue restituida la libertad, la ley los exculpó y fueron absueltos gracias a la piedad de sus hijas. Y es que

¿acaso existe espectáculo más conmovedor que el de una anciana madre hambrienta o, aún en mayor medida, de un padre exhausto por el ayuno y los años, alimentándose del joven pecho de su hija? ¡De ahí que aquel lugar se convirtiera en un pequeño templo, que en memoria de tan piadoso acto fue consagrado a la Piedad!

¿Y quién no ha oído hablar de aquellas fidelísimas mujeres espartanas que, a fin de darles el último adiós a sus maridos condenados a muerte, por la noche entraron en la cárcel con el permiso de los guardianes a la hora en que, según era costumbre de aquel pueblo, había de ejecutarse la sentencia, se intercambiaron las ropas con los condenados, se cubrieron la cabeza fingiendo aflicción y lograron hacerlos salir al amparo de la oscuridad, poniendo en peligro sus propias vidas? ¿O de aquella virgen, hermana del rey Leónidas, que, mientras los hombres se demoraban en la asamblea, fue la primera en denunciar la guerra que estaba asolando su patria? ¿Quién puede ignorar que Éfeso y otras ciudades de Asia fueron fundadas por mujeres, y que muchas zonas de Asia y de Europa fueron sojuzgadas asimismo por mujeres? ¿Y quién no tiene noticia de que en África el Imperio cartaginés fue fundado gracias a la virtud de una viuda?

¿Quién no ha leído que el pueblo hebreo nació de la unión de un solo hombre con dos mujeres y dos siervas, y fue liberado gracias a la fortaleza de una viuda, que se llevó en el regazo la cabeza del general enemigo?

También Europa, que, si no me engaño, es la parte más bella y noble del mundo, lleva el nombre de una regia doncella, cuya abuela materna, madre de Agénor, a su vez dio nombre a Libia. Y lo mismo Asia, tercera en número, pero que ocupa la mitad del mundo por su extensión, tiene un nombre femenino. Así pues, las tres partes del mundo —lo cual resulta admirable de decir, y es motivo de gloria para el sexo débil— han tomado, hasta la fecha, el nombre de mujeres, y no veo por qué no habrá de seguir siendo así en el futuro. Las ciudades italianas de Mantua, Parténope, Gaeta, Lavinia, y la Atenas griega —por no mencionar todas las demás—, ¿qué nombre tienen, sino el de mujeres? ¿Y qué decir de las matronas romanas, cuya nobleza y honestidad sobresalen entre las de todas las mujeres del mundo?

Si empezáramos a hablar de ello, no terminaríamos nunca, pues «de semejante alabanza—como dice Cicerón refiriéndose a Pompeyo Magno— es más fácil hallar el principio que el fin».

¿Y quién sería capaz de elogiar suficientemente a Lucrecia, riguroso ejemplo de recato? Si bien no puedo aprobar que castigara con tanta severidad los delitos de los demás en su propio cuerpo, tampoco puedo por menos que admirar su generosa ira y su actitud intolerante frente a cualquier depravación. ¿Quién no ensalzaría como merece a la virgen Clecia, que burló la vigilancia del ejército enemigo nadando por las aguas del Tíber, y devolvió a sus hogares a la pléyade de doncellas que habían sido tomadas como rehenes? Fue este un acto de valor que asombró a sus enemigos y a sus conciudadanos, quienes la juzgaron digna de honor y distinción.

¿Y qué decir de Cornelia, hija del Africano, madre de los Gracos, que tras perder a sus doce hijos, muertos por enfermedad o por haber sufrido heridas, los más fuertes de los cuales fueron asesinados en su presencia por el pueblo y arrojados al Tíber sin recibir sepultura, soportó con tal entereza una ruina y una desgracia tales que habrían abatido incluso a los temperamentos más viriles, y que cuando las matronas lloraban por ella y la consolaban se atrevió a decir que no se consideraba desgraciada, sino feliz de haber engendrado unos hijos como los suyos? A mi juicio, fue una mujer tan digna de haber dado vida a semejantes hijos como indigna de perderlos. ¿Y de Porcia, la hija de Marcia de Catón —a quien los antiguos llamaron santa—, que, tras el anuncio de la muerte de su esposo, a fin de no sobrevivirlo y no teniendo una espada a mano, ingirió brasas ardientes y exhaló así el alma, ansiosa por reunirse con él?

Omito a propósito hablar de muchas de nuestras doncellas que bien conoces, quienes, no por terrenales afectos, sino por su piedad, por su verdad, por su castidad, por su fe, por su eterna salvación, con el cuerpo debilitado, pero con el ánimo firme, soportaron duros suplicios y una dura muerte. Confieso haberme explayado a propósito con estos ejemplos, a fin de que también este sexo débil, que algunos escritores se esfuerzan en denigrar, por medio de mi pluma, sea esta cual sea, pero con ánimo de dar verdadero testimonio, reciba su parte de alabanzas. Y para coronar la cima, y despedirme de ti, oh ilustre Augusta, lo haré en nombre de la mujer más noble de todas, y de tu misma condición, por su virtud, majestad y gloria: ¡Livia!

Ella ocupó junto a César Augusto el mismo lugar que tú ocupas junto a su sucesor, compartiendo no solo su lecho, sino también sus consejos y toda su vida; elocuente y afable, gracias a su fe y a su prudencia, se hizo constante merecedora de todo el amor que le brindó tan gran príncipe, como ninguna otra mujer lo había sido antes; y eso es lo que yo creo que tú has hecho y harás con las mismas artes. Pero como no pretendo aburrirte con un discurso tan largo, acoge con alegría a la hijita que el cielo te ha dado como muestra de una descendencia que habrá de ser más numerosa y más noble: con alegría plena, y como corresponde a tu dignidad y a la de ella, infórmala de tus costumbres, conviértela en tu admiradora; y ten por seguro que aquella que César engendró en ti, será digna de sus progenitores y de su cesáreo connubio.

SAMUEL JOHNSON A
JAMES ELPHINSTON

**«Hay algo agradable en la creencia de que
nuestra separación de aquellos a quienes
amamos es meramente corpórea».**

25 de septiembre de 1750

Estimado señor:

Como toda evidencia muestra, ha perdido usted a una
excelente madre, y espero que no me considere incapaz de
compartir su dolor. Mi madre tiene ochenta y dos años
de edad y, por lo tanto, no tardaré mucho en despedirme de
ella; a menos que Dios quiera que sea ella la que llore por
mí. He leído las cartas en las que relata la muerte de su madre a la señora Strahan, y creo que me honra decir que las
leí con lágrimas; aunque las lágrimas no nos sirven de nada
ni a usted ni a mí, una vez que se ha pagado el tributo de la
naturaleza. La causa de la vida nos aleja de la pena inútil y
nos llama al ejercicio de aquellas virtudes con las que la-
mentablemente no contamos. El mayor beneficio que un
amigo puede otorgar a otro es proteger, estimular y elevar
sus virtudes. Esto es lo que seguirá haciendo su madre,
si preserva usted con diligencia el recuerdo de su vida y
de su muerte: una vida, por lo que sé, útil, sabia e inocente; y una muerte resignada, pacífica y santa. No puedo dejar de mencionar que ni la razón ni la Revelación le niegan
la esperanza de que pueda aumentar su felicidad obede-

ciendo sus preceptos; y que ella pueda, en su estado actual, mirar con placer cada acto de virtud al que sus instrucciones o su ejemplo hayan contribuido. Si esto es algo más que un agradable sueño, o tan solo una esperanza de los espíritus separados, no tiene, ciertamente, gran importancia para nosotros, cuando consideramos que actuamos bajo la mirada de Dios: sin embargo, sin duda hay algo consolador en la creencia de que nuestra separación de aquellos a quienes amamos es meramente corpórea y puede ser una excelente incitación a la amistad virtuosa, si fuera posible, que esa unión que ha recibido la aprobación divina se prolongara en la eternidad.

Hay un recurso mediante el cual puede, en cierta medida, perpetuar su presencia. Si escribe minuciosamente lo que recuerde de ella desde sus primeros años, lo leerá después con sumo agrado y recibirá muchos indicios de reconfortante recuerdo cuando el tiempo la aleje aún más de usted y su dolor haya madurado hasta convertirse en veneración. Aunque sea penoso por el momento, no puedo sino darle este consejo como fuente de consuelo y satisfacción en el futuro; pues todo consuelo y satisfacción le es sinceramente deseado por, querido señor, su muy agradecido, obediente y humilde servidor,

DR. JOHNSON

ANTONIO GRAMSCI A SU MADRE, GIUSEPPINA MARCIAS

«Siempre apareces como una fuerza beneficiosa
y llena de ternura para nosotros».

15 de junio de 1932

Mi muy querida madre:

Recibí la carta que me escribiste con la mano de Teresina. Deberías escribirme más a menudo así: en ella sentí todo tu espíritu y tu manera de razonar; era una carta tuya de verdad, y no una carta de Teresina.

¿Sabes qué me vino a la cabeza? Con nitidez, me acordé de cuando yo estaba en el primer o segundo ciclo de primaria y tú me revisabas los deberes: recuerdo perfectamente que yo nunca lograba acordarme de que la palabra *uccello* [«pájaro»] se escribe con dos «c», y que me corregiste esa falta por lo menos diez veces. Por tanto, si nos enseñaste a escribir (y antes nos habías ayudado a memorizar muchas poesías; aún recuerdo «Rataplán» y esta: «A lo largo de las orillas del Loira / esta cinta de plata / que corre cien millas / por una bella tierra afortunada»), es justo que uno de nosotros te preste su mano para escribir cuando te falten fuerzas. Apuesto a que este recuerdo de «Rataplán» y esta canción del Loira te harán sonreír.

Y todavía me acuerdo también de cómo admiraba, con los cuatro o cinco años que yo tenía entonces, tu habilidad para imitar el redoble del tambor mientras declamabas «Rataplán». Y no puedes imaginarte cuántos recuerdos

tengo en los que siempre apareces como una fuerza beneficiosa y llena de ternura para nosotros. Si lo piensas bien,
todas estas cuestiones del alma y de la inmortalidad del
alma y del paraíso y del infierno son, a fin de cuentas, una
manera de ver este simple hecho: que el valor de cada uno
de nuestros actos, en bien o en mal, se transmite a los demás, pasa de padre a hijo, de una generación a otra en un
movimiento perpetuo. Puesto que todos los recuerdos que
tenemos de ti son de bondad y de energía, y que has dado
tu fuerza para criarnos, esto significa que estás en el único
paraíso que existe de verdad para una madre, que es, pienso yo, el corazón de sus hijos. ¿Ves a qué me refiero? No te
imagines por lo demás que quiero ofender tus opiniones
religiosas; de hecho, creo que estás de acuerdo conmigo
más de que lo parece. Dile a Teresina que espero la otra
carta que me prometió.

Os mando un beso tierno, a ti y a todos los que están en
casa.

ANTONIO

MARQUÉS DE SADE A
CHARLES QUESNET

Resulta paradójico y muy sorprendente que uno de los mayores elogios a la madre que contiene este libro provenga de un auténtico monstruo y epítome de la violencia. Desde la amistad con el receptor de esta carta y sin hablar explícitamente de su propia madre, define con maestría la aportación única e inigualable de la madre.

**«Una madre es una amiga que la naturaleza
solo nos da una vez».**

1803

Ten en cuenta, amigo mío, que la existencia de tu madre se ha partido para componer la tuya: esta existencia de la que disfrutas, propiamente hablando, no es más que una emanación de la suya […]. Te lo he dicho a menudo: una madre es una amiga que la naturaleza solo nos da una vez, y que nada en el mundo puede sustituir cuando hemos tenido la desgracia de perderla. Entonces, nada nos protege: las flechas envenenadas de los hombres, su maldad, sus calumnias, su perversidad nos hieren sin encontrar obstáculo alguno. Nos consolamos en el pecho de un amigo, de una esposa. Pero ¡qué diferencia, mi querido Quesnet! No encontraremos nunca las atenciones desinteresadas de una madre, aquella sensibilidad preciosa que ningún interés particular pervierte: en pocas palabras, mi querido amigo, ya no nos consuelan las manos de la naturaleza.

[SADE]

V

LA MADRE, TESTIGO DE LAS HAZAÑAS DE SUS VÁSTAGOS

En la ausencia y la separación, la necesidad del diálogo
materno se vuelca en las cartas enviadas por sus vástagos,
donde relatan y comparten sus proezas y desdichas.

ARTHUR RIMBAUD A SU MADRE, VITALIE RIMBAUD

«No os sorprenda que no os escriba: el motivo principal es que nunca encuentro nada interesante que decir».

Harrar,
25 de febrero de 1890

Queridas madre y hermana:

He recibido vuestra carta del 21 de enero de 1890.

No os sorprenda que no os escriba: el motivo principal es que nunca encuentro nada interesante que decir. Puesto que, cuando uno se halla en países como estos, ¡hay más cosas que pedir que comentarios que hacer! Desiertos [...] sin carreteras, sin correo, sin viajeros: ¿qué queréis que os escriba de todo esto?

Que me aburre, que me fastidia, que me idiotizo; que ya estoy harto, pero que no puedo acabar con ello, etc., etc. Y, en consecuencia, esto es todo, todo lo que se puede decir. Y, como es algo que no divierte a nadie, es mejor callarse.

[...]

Por lo demás, disfruto, en este país y en las carreteras, de cierta consideración debida a mi actuación humana. Nunca he hecho daño a nadie. Al contrario, hago un poco de bien cuando tengo ocasión, y es mi único placer.

Tengo negocios con el señor Tian, que os ha escrito para tranquilizaros por mí. En el fondo, estos negocios no serían malos si, como habéis leído, no cerraran continuamente las carreteras debido a las guerras, las revueltas que ponen en peligro nuestras caravanas. Este señor Tian es un gran negociante de la ciudad de Aden, y nunca viaja por este país.

[...]

El Ras Makonnen, cuyo nombre debéis de haber leído en los periódicos y que encabezó una embajada abisinia en Italia, que tanto alboroto causó el año pasado, es el gobernador de la ciudad de Harrar.

Espero veros pronto. Afectuosamente,

ARTHUR

OSCAR WILDE A SU MADRE, JANE WILDE

«Me complacería que no dieras ninguna importancia a que se me critique por mi controvertida novela».

Londres
27 de diciembre de 1889

Querida madre:

Como bien sabes, hace tiempo que trabajo en un libro titulado *El retrato de Dorian Gray*. La razón por la que me pongo en contacto contigo es para advertirte de las críticas que puede recibir mi obra, en especial por parte de la clase alta. No quiero que te preocupes por ello, ya que soy completamente consciente de lo que he escrito y de lo que quiero transmitir con el libro. Aunque creo que tienes derecho a saber qué hay en el texto que pueda molestar a la gente. En pocas palabras: escribo cosas que pueden ofender a la clase alta y contradecir gran parte de la moral de nuestro tiempo.

He dedicado muchos días a retratar los estereotipos de la clase alta como algo bastante repugnante. El principal ejemplo es el protagonista, llamado Dorian Gray. A primera vista parece un joven extraordinario que se comporta de forma bastante correcta en sociedad. Sin embargo, es monstruosamente malvado, y todo lo que hace es en su propio beneficio. Su obsesión por su bello aspecto es un defecto trágico que lo lleva a su propia perdición, como a

Narciso en la mitología griega. Lo mismo ocurre con los demás personajes de clase alta. Son estrechos de miras, superficiales e incapaces de ver algo en una persona que no sea su mera apariencia física. Esta es la razón por la que ninguno de ellos se da cuenta de la clase de individuo que Dorian Gray realmente es; solo alcanzan a ver su hermoso rostro. Este elemento del libro puede, por tanto, molestar a la clase alta, ya que podrían reconocerse en esta sociedad superficial. De ser así, se sentirán clasificados como personas con capacidad mínima para ver a través de una persona.

También he aportado varios indicios de homoerotismo en mi novela. Dorian Gray se ve regularmente con varios jóvenes. Lo notable es que he optado por dejar estas relaciones sin explicar, para que el propio lector decida qué tipo de vínculo tiene Dorian con sus jóvenes compañeros. Hay una gran diferencia entre las relaciones de Dorian con ellos y el trato amistoso que mantiene con otros personajes importantes, como lord Henry Wotton y Basil Hallward. Sus relaciones con los muchachos son más tranquilas, y creo y espero que la gente interprete que estas constituyen algo más profundo que la simple amistad. Estas relaciones también son bastante misteriosas, porque le digo al lector que los jóvenes están mentalmente destrozados y son rechazados por Dorian, pero nunca se sabe realmente por qué. El modo en que los chicos reaccionan es también típico de la clase de relaciones más íntimas. Un ejemplo es que uno de ellos se aleja y expresa su deseo de no volver a ver a Dorian ni a saber de él. Esto podría dar lugar a una gran discusión entre los lectores, ya que incluyo este elemento homoerótico tan controvertido en mi novela.

Lord Henry Wotton tiene una gran importancia en mi novela. Lo he creado para que sea un maestro de la retórica en la alta sociedad, al que Dorian Gray admira en exceso. En un principio, lord Henry podría parecer un hombre bien educado y carismático, con explicaciones interesantes y lógicas sobre el auténtico propósito de la vida, pero para Dorian, lord Henry no es lo que parece. Si se analizan las cosas que dice lord Henry, aparece su lado oscuro. En realidad tiene una visión del mundo bastante destructiva y se aprovecha de la devoción que le profesa Dorian. No es más que un titiritero que con sus sombrías pero hermosas palabras enloquecen a Dorian. Soy consciente de que esto puede ofender a la alta sociedad, debido a que retrato al hombre que quizá tenga más clase como a una persona vacua y que influye de forma destructiva sobre los demás.

El arte tiene el poder de ser algo más que arte; tiene el poder de cambiar la sociedad y poner de manifiesto los problemas. Esto es exactamente lo que quiero lograr, y por ello me complacería que no dieras ninguna importancia a que se me critique por mi controvertida novela. Más bien me alegraría de ello, porque eso querría decir que se han dado cuenta de lo que he intentado transmitir.

Espero verte pronto, madre, puede que dentro de unas semanas si planeo un viaje de vuelta a Dublín.

Saludos cordiales,

OSCAR WILDE

JOSÉ MARTÍ A SU MADRE, LEONOR ANTONIA DE LA CONCEPCIÓN MICAELA PÉREZ Y CABRERA

«En la cárcel no he escrito ni un verso».

10 de noviembre de 1870

Madre mía:

Hace dos días que escribí a usted con un francés que viene a ver a los Domínguez, no el que fue allá, y me ha dicho que no ha podido llevar la carta. Me prometió llevarla. Dígame si va.

Anteayer también escribí a usted; pero no he tenido con quién mandar las cartas y no quiero que pasen en la cantina por la puerta. Como escribo a usted, hoy rompo la carta de antier.

Ayer estuvo aquí el Fiscal y me preguntó con bastante interés por mi causa y su estado. Le dije lo que sabía; pero es muy extraño esto de que el que me ha de juzgar tenga que preguntarme por qué estoy preso. Según me ha dicho, alguien le ha hablado de mí. Los Domínguez y Sellén saldrán al fin en libertad, y yo me quedaré encerrado. Los resultados de la prisión me espantan muy poco; pero yo no sufro estar preso mucho tiempo. Y esto es lo único que pido. Que se ande aprisa, que al que nada hizo nada le han de hacer. A lo menos, de nada me podrán culpar que yo no pueda deshacer.

Mucho siento estar metido entre rejas; pero de mucho

me sirve mi prisión. Bastantes lecciones me ha dado para mi vida, que auguro que ha de ser corta, y no las dejaré de aprovechar. Tengo dieciséis años, y muchos viejos me han dicho que parezco un viejo. Y algo tienen de razón; porque si tengo en toda su fuerza el atolondramiento y la efervescencia de mis pocos años, tengo en cambio un corazón tan chico como herido. Es verdad que usted padece mucho; pero también lo es que yo padezco más. ¡Dios quiera que en medio de mi felicidad pueda yo algún día contarle los tropiezos de mi vida!

Estoy preso, y esta es una verdad de Pero Grullo, pero nada me hace falta, si no es de cuando en cuando dos o tres rs. para tomar café; pero hoy es la primera vez que me sucede. Sin embargo cuando se pasa uno sin ver a su familia ni a ninguno de los que quiere, bien puede pasar un día sin tomar café. Papá me dio cinco o seis rs. el lunes. Di dos o tres de limosna y presté dos.

Tráigame el domingo a alguna de las chiquitas.

Esta es una fea escuela; porque aunque vienen mujeres decentes, no faltan algunas que no lo son. Tan no faltan, que la visita de cuatro es diaria. A Dios gracias el cuerpo de las mujeres se hizo para mí de piedra. Su alma es lo inmensamente grande, y si la tienen fea, bien pueden irse a brindar a otro lado sus hermosuras. Todo conseguirá la cárcel menos hacerme variar de opinión en este asunto.

En la cárcel no he escrito ni un verso. En parte me alegra, porque ya usted sabe cómo son y cómo serán los versos que yo escriba.

Aquí todos me hablan del señor Mendive, y esto me alegra. Mándeme libros de versos y uno grande que se llama *El Museo Universal*. Dele su bendición a su hijo.

PEPE

FRIEDRICH ENGELS A SU MADRE, ELISABETH ENGELS

«Si Marx no estuviera aquí, o ni siquiera existiera, no cambiaría absolutamente nada».

Londres
21 de octubre de 1871

Querida madre:

Si hace tanto que no te escribo es porque quería responder a tus últimos comentarios sobre mi actividad política de una manera que no te ofendiera. Y una y otra vez, cuando leía las despreciables mentiras del *Kölnische Zeitung*, sobre todo las monstruosas invenciones de ese sinvergüenza de Wachenhusen, cuando veía cómo los mismos que, durante la guerra, no habían visto más que mentiras en toda la prensa francesa, ahora pregonan en Alemania como verdad absoluta cada invención policial y cada calumnia sobre la Comuna del más venal chismoso de París, seguía cayendo en un estado de ánimo que me inclinaba poco a mi tarea. Cuando se trata de los pocos rehenes fusilados a la manera prusiana, de los pocos palacios incendiados sobre precedentes prusianos, se levanta un gran revuelo —ya que todo lo demás no son más que mentiras—, pero cuando se trata de los cuarenta mil hombres, mujeres y niños que las tropas de Versalles aniquilaron con maquinaria después de desarmar al pueblo, ¡nadie murmura una sola palabra! Sin embargo, no puedes saber nada de todo esto, porque dependes del

Kölner y del *Elberfelder Zeitung*, que te inculcan mentiras. Y sin embargo, a lo largo de tu vida has oído denunciar a bastantes personas como auténticos caníbales —los miembros de la Tugendbund bajo el primer Napoleón, los demagogos de 1817 y 1831, los hombres de 1848—, y después se ha comprobado invariablemente que al final no eran tan malos, y que las historias de terror que en un principio se pusieron en circulación sobre ellos por parte de los interesados, acabaron posteriormente en nada. Espero, querida madre, que recuerdes esto y des el beneficio de la duda a los hombres de 1871 cuando leas en el periódico estas atrocidades imaginarias.

Sabías que no había modificado mis opiniones, opiniones que pronto habré mantenido durante treinta años, y no pudo sorprenderte que, en cuanto los acontecimientos me obligaron a hacerlo, no solo me pronunciara a favor de ellas, sino que también cumpliera con mi deber en otros aspectos. De no haberlo hecho, deberías avergonzarte de mí. Si Marx no estuviera aquí, o ni siquiera existiera, no cambiaría absolutamente nada. Por lo tanto, es un error echarle la culpa a él. Por cierto, también recuerdo la época en que los allegados de Marx sostenían que yo había sido su ruina.

Pero ya basta. Ya no hay forma de cambiar la situación y solo resta aceptarla. Si las cosas permanecen tranquilas durante un tiempo, también el alboroto se calmará y tú misma tendrás una visión más sosegada de la situación. [...]

Adiós, por ahora, saluda cordialmente a todos mis hermanos y hermanas, y no te enfades conmigo por mi largo silencio.

Con todo mi corazón,

Tu

FREDERICK

Puedes decirle a Emil Blank que Marx no necesita mi dinero. Pero me gustaría ver la expresión de la cara de ese mismo Emil Blank si yo le aconsejara cómo gastar el suyo.

VI

CONFIDENTE DE SUS VIVENCIAS, SENTIMIENTOS Y EMOCIONES INTERIORES

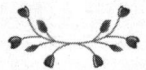

En el continente epistolar queda un recinto que parece reservado a las madres: la expresión del mundo interior, de las emociones, de los sentimientos.

GUY DE MAUPASSANT A SU MADRE, LAURE LE POITTEVIN

«Me encuentro tan perdido, tan aislado
y tan desmoralizado que me veo obligado
a pedirte algunas buenas palabras».

24 de septiembre de 1873

Como ves, no tardo en escribirte, pero la verdad es que no he podido esperar más. Me encuentro tan perdido, tan aislado y tan desmoralizado que me veo obligado a pedirte algunas buenas palabras. Temo el invierno que viene, me siento solo y mis largas noches de soledad son a veces terribles. A menudo siento, cuando estoy solo sentado a la mesa y con la lámpara triste que se consume frente a mí, unos momentos de desesperación tan completa que no sé a quién acudir. Y, en aquellos momentos del último invierno, con frecuencia me decía que tú también debías de sentir una tristeza terrible durante las largas y frías noches de diciembre y enero. He retomado desde hace tres meses mi vida monótona. L. F. [Léon Fontaine] no puede cenar conmigo esta noche; va a cenar a la ciudad, lo cual me molesta porque podríamos haber conversado un poco… Acabo de escribir, para distraerme un poco, algo del género de los *Cuentos del lunes*. Te lo envío, naturalmente no tiene ninguna pretensión, puesto que lo he escrito en un cuarto de hora. De todas formas, te ruego que me lo devuelvas porque podría hacer algo con ello. Hay varias frases poco correctas, pero las enmendaré cuando lo utilice. Me encantaría volver quince días atrás, ha sido muy corto, no tenemos tiempo de vernos y de conversar, y, cuando han acabado las vacaciones, decimos: «Pero ¿qué ha pasado? Si casi acabo de llegar y apenas he podido hablar con nadie».

Adiós, querida madre, te mando mil besos, también para Hervé.

Tu hijo,

GUY DE MAUPASSANT

LEOPOLD VON SACHER-MASOCH A SU MADRE, CHARLOTTE VON MASOCH

«Veo en la mujer algo hostil, que me mira como un ser puramente sensual».

17 de diciembre

Querida madre:

¿Me preguntas por qué tengo miedo del amor? Lo temo porque tengo miedo de la mujer. Veo en la mujer algo hostil, que me mira como un ser puramente sensual, exterior, como la naturaleza que carece de alma. Ambas son para mí igualmente atractivas y, al mismo tiempo, extrañamente inquietantes. Y la mujer, ¿qué quiere al atraerme a su seno, si no es, como la naturaleza, arrebatarme el alma, la vida, para formar otras criaturas y darme la muerte? Sus labios son como las olas del lago, seducen, acarician... Me vuelven loco... Y, al final, suponen la devastación. [...] Te puedes burlar de mi idealismo, pero es lo mejor que se puede tener en esta vida cuyo propósito nadie conoce ni puede desentrañar, la vida que parece estar ahí solo para ella misma y que dispone del amor para perpetuarse en nuevos seres que disfrutan de la tierra, el sol, la luna, las estrellas y que son presa de la muerte, como nosotros.

Tu Henryk

FEDERICO GARCÍA LORCA
A SU MADRE, VICENTA
LORCA ROMERO

**«No te disgustes, tontica, conmigo porque
te diga que escribir cartas es un latazo».**

Residencia de Estudiantes
[Madrid, ¿abril de 1920?]

Queridísima mamá:

Le he escrito a papá una carta dándole mis acertadas razones para convencerlo de que debe dejarme aquí. Ya verás si tengo o no razón. Ir a Granada para estar en el café Alameda y oír (porque esto tú sabrás y te lo supondrás) multitud de majaderías es cosa inaguantable dada la vida seria y buena y provechosa que hago aquí. No [te] disgustes, tontica, conmigo porque te diga que escribir cartas es un latazo; ya sabes muy bien de qué manera lo digo y además decía (y lee bien la carta) que era tan solo exceptuando a vosotros. Las fiestas de Eslava son de tarde en tarde y son muy artísticas y agradables. Si yo viera algo malo en ellas, ¿iba a mandaros programas? En este ambiente la holgazanería es difícil porque como todos trabajan no hay más remedio que trabajar. El que va por malos caminos, mamá, es porque es mala persona y canalla... Yo te ruego que leas la carta de papá y pienses también en lo que digo. Gracias por todo, especialmente por los calcetines. El Rey y el Roque me gustan mucho y a nadie más que yo [*sic*] le gusta y agrada que se interesen por mí.

Dile a Paquito que me escriba y a Conchita y [palabra ilegible], que yo contestaré. Desde hoy no volveré a decir que una carta es un latazo a pesar de que tú, mamá, también lo has dicho muchas veces, muchas veces: «¡Ay, ya se ha olvidado escribir!» y «¡Qué jaqueca!». Eso es verdad. Si vieras, mamá, la gana que tengo de ir a Pekín. Esto lo digo en guasa, ¡naturalmente...!, aunque ahora he conocido un chino que dice que Pekín es preciosísimo. To-sie To-sie To-sie. Adiós, querida mamá, besos a mis hermanos y demás familia y sabes te quiere mucho tu hijo

Federico

Mamá, envíame a vuelta de correo diez ejemplares de *Impresiones y paisajes. Es urgente.*

VII

RETRATO DE UNA HEROÍNA, MI MADRE

Al escribir a una madre o sobre ella, algunas
personas dibujan —natural y legítimamente—
el retrato de la auténtica heroína de sus vidas.

JAMES JOYCE A NORA BARNACLE SOBRE SU MADRE, MARY JANE MURRAY

«Creo que el maltrato de mi padre, los años de problemas y mi comportamiento cínico y sincero asesinaron lentamente a mi madre».

60 de Shelbourne Road
29 de agosto de 1904

Mi querida Nora:

[...] Puede que te haya molestado esta noche con lo que he dicho, pero ¿no crees que es mejor que conozcas mi opinión sobre la mayoría de las cosas? Mi mente rechaza todo el orden social actual y el cristianismo: el hogar, las virtudes reconocidas, las clases de vida y las doctrinas religiosas. ¿Cómo podría gustarme la idea del hogar? Mi hogar era simplemente un típico caso de clase media arruinado por los hábitos despilfarradores que he heredado. Creo que el maltrato de mi padre, los años de problemas y mi comportamiento cínicamente sincero asesinaron lentamente a mi madre. Cuando miré su rostro mientras yacía en su ataúd —un rostro gris y consumido por el cáncer— comprendí que estaba mirando el rostro de una víctima y maldije al sistema que la había convertido en eso. Éramos diecisiete en la familia. Mis hermanos y hermanas no significan nada para mí. Solo un hermano es capaz de comprenderme.

Hace seis años abandoné la Iglesia católica, a la que odio con todo fervor. Me resultaba imposible permanecer en ella a causa de los impulsos de mi naturaleza. Le declaré la guerra en secreto cuando era estudiante y me negué a aceptar los puestos que me asignaba. Con ello me convertí en un mendigo, pero conservé mi orgullo. Ahora estoy inmerso en una guerra abierta con lo que escribo, digo y hago. No puedo incorporarme al orden social más que como vagabundo. Empecé a estudiar medicina tres veces, derecho una vez, música una vez. Hace una semana comencé a organizar un viaje como actor itinerante. No pude dedicar ninguna energía al plan porque tú seguías tirando de mí por el codo. Las dificultades reales de mi vida son increíbles, pero las desprecio.

JAJ

EMILY DICKINSON A ELIZABETH HOLLAND SOBRE SU MADRE, EMILY NORCROSS

«**Esto es tan afanoso que apenas he dicho:
"Buenos días, madre", ya me escucho decir:
"Madre – buenas noches –"**».

[*Circa* septiembre de 1880]

Querida hermana –

La responsabilidad del *pathos* es casi mayor que la responsabilidad del cuidado. Mamá ya no volverá a caminar nunca más. Todavía hace sus pequeños viajes de la cama al sillón en brazos de un hombre fuerte; probablemente, eso será todo.

Su escasa paciencia se pierde y nosotros se la devolvemos. Ayer les decía a sus sobrinas, que escribieron preguntando por ella, que leerle, abanicarle, decirle que «la salud vendrá mañana», y hacer que la falacia parezca verdad; explicar por qué «la langosta resultará una carga»* – porque no es una langosta tan nueva como era antes; esto es tan afanoso que apenas he dicho: «Buenos días, madre», ya me escucho decir: «Madre – buenas noches –».

El tiempo es escaso y está colmado, como un vestido que se ha quedado pequeño –

Eres muy amable al autorizarme para formular de nuevo «la pregunta», pero al volver a examinarme me doy cuenta de que no tengo la temeridad –

* Eclesiastés 12, 5.

He pensado en tu Jardín en las Rocas esas noches insensibles – quizá tenía «observadores» como Vinnie –

Espero que el doctor esté mejorando – en salud – quiero decir, sus otras perfecciones excluyen la sugerencia, y que mi hermanita se encuentre en un estado de dulce robustez –

Vinnie anda mucho más apresurada que los candidatos presidenciales, confío en que de manera más distinguida, ya que ellos solo tienen la Unión a su cargo, pero Vinnie, el Universo –

Con su amor y el mío,

Emily –

VIII

SIN REMEDIO, ¡MADRE MÍA!

En algunos casos la madre no es el pilar central en
la vida de sus hijos, ni siquiera una persona cercana,
sino más bien lo contrario: alguien con quien impera el
conflicto o la distancia, pero sin que se llegue a romper
el vínculo, indestructible a pesar de los pesares.

HONORÉ DE BALZAC A SU MADRE, ANNE-CHARLOTTE-LAURE SALLAMBIER

«Siempre serás como una gallina que ha incubado el huevo de un ave extraña al gallinero».

Passy
Febrero[?], 1844

Querida madre:

Lo que me pides es imposible, inmediatamente. Esta es la razón. He asumido un compromiso enorme, teniendo en cuenta las circunstancias en las que me encuentro, y me obligas a revelártelo.

Henri y su familia no tienen pan, se han visto obligados a no comer más que arroz, he recibido cartas lastimosas después de las que Laure ya conoce. Le he dicho que puedo enviar una letra de cambio a París de doscientos francos, para que tenga un suplemento de cien francos por mes, hasta que le asciendan al cargo superior que le he conseguido.

Como no quiero tener domicilio, le he propuesto que el señor Surville sea el librado; pero soy yo quien tiene que proveer los fondos, y se necesitan de antemano para no comprometer al señor Surville.

¿Acaso viéndome obligado a hacer este sacrificio excesivamente duro, yo que no tengo el pan asegurado mientras trabajo, puedo hacer un segundo sacrificio?

Pero me quedo corto con mis esfuerzos, puesto que estos mil doscientos francos no salvan a Henri; hay que colocarlo en un cargo mejor, y desde hace tres meses estoy haciendo múltiples gestiones para que obtenga no solo el grado de alto funcionario de la Marina, sino que lo trasladen de Bourbon a Pondichéry. Mil ochocientos francos en Pondichéry equivalen a seis mil francos en Bourbon.

Ni tú ni Laure le habéis escrito, aunque os lo he pedido tres veces; los navíos partieron, con *La comedia humana* para él, y para su gobernador. Todo ello me ha supuesto un montón de tiempo perdido o dedicado a ello.

Estoy profundamente triste por haber recibido una carta en lugar de verte, pero siempre serás como una gallina que ha incubado el huevo de un ave extraña al gallinero. No dudas de mi ternura respetuosa, ni de mi valor, ni de mi futuro, ni de mi buen juicio, sino del sentimiento profundo que tengo respecto a mis deberes. Cuanto más arriesgo todo, incluso mis facultades comprometidas y mi salud, para alcanzar sobrehumanamente el bienestar y la liberación de las deudas, entre las que la tuya es la más ardiente y cruel, menos éxito tengo en tu corazón, y tu espíritu se ciega. Allí donde la multiplicidad de mis esfuerzos sorprende, y es objeto de la *piedad* de los indiferentes, a ti no te parecen lo bastante numerosos, lo bastante rápidos... pues, ¿de dónde quieres que saque el dinero, yo que lo gano inventando concepciones nuevas? ¿Yo que no tengo el pan asegurado, mientras escribo? Hay más. En lugar de ayudarnos, de respetarnos entre nosotros, de formar una línea de defensa compacta, nos atacamos. Para desgracia de las relaciones de familia, la señora Brugnol no me ha dejado ignorar todo lo que el señor Surville ha dicho a propósito de un domicilio que se ha hecho en su casa para dos efectos (pequeño servicio que dan los indiferentes), y he comprendido que para salvar el afecto que siento por mi hermana, era necesario volver a los antiguos límites. Sobre esta cuestión le he escrito una carta a Laure que no tenía menos de dieciséis páginas; pero la quiero demasiado para entristecerla, está enferma, y aparte de estos malentendidos y orgulloso de mí, la creo. No obstante, el resultado es que me encuentro solo, como un paria, sin obtener de los míos la menor comprensión (no digo *aprobación*, puesto que no la tendré nunca) por mis trabajos inmensos, por mi objetivo, por mis esfuerzos, ni siquiera por el bien que les deseo, sinceramente, y que siempre les desearé, y que quizá, si vivo lo bastante, les daré, a su pesar.

En cuanto a ti, mi querida madre, nunca sabrás hasta qué punto tienes en mí

al más respetuoso de los hijos,

HONORÉ

LORD BYRON A SU HERMANA, AUGUSTA BYRON, SOBRE SU MADRE, CATHERINE GORDON BYRON

«¿Debo llamar madre a esta mujer?».

Harrow
Sábado, 11 de noviembre de 1804

Pensaba, mi querida Augusta, que tu opinión sobre mi dócil mamá coincidiría con la mía; su temperamento es tan voluble, y cuando se inflama, tan furioso, que temo nuestro encuentro, no sin antes atreverme a decir que soy bastante pesado y molesto, aunque siempre me esfuerzo por mostrarme con ella tan solícito como me es posible. Es tan extenuante y atormentadora en sus súplicas y mandatos con respecto a mi reconciliación con ese detestable lord G[rey] que supongo que tiene predilección por su señoría, pero albergo plena confianza en que el sentimiento no es recíproco, pues él siente aversión por ella más que otra cosa, al menos hasta donde puedo juzgar. Pero ella tiene una excelente opinión de sus propios atractivos personales, resta seis años a su edad, afirma que cuando yo nací solo tenía dieciocho años, cuando, mi querida hermana, sabes tan bien como yo que era mayor de edad cuando se casó con mi padre, y que yo no nací hasta tres años después, pero es la vanidad una debilidad de vuestro sexo, y son estas meras flaquezas las que relaciono contigo, y como nunca me han importunado las considero insensateces muy disculpables en una mujer. Pero ahora llego a lo que debe escandalizarte tanto como a mí: cuando tiene ocasión de sermonearme (no muy a menudo, pensarás sin duda) no lo hace de una manera que inspire respeto y con un estilo impresionante. Qué va. De ser así, enmendaría mis faltas con gusto y me horrorizaría ofender a una madre bondadosa aunque justa. Pero ella entra en un arrebato de frenesí, me reprende como si fuera el más despreciable de los desgraciados, desentierra las cenizas de mi padre, lo maltrata, dice que seré un verdadero Byrrone, que es el peor epíteto que puede inventar. ¿Debo llamar madre a esta mujer? ¿Voy a dejar que me pisotee de esta manera solo porque por ley natural tenga autoridad sobre mí? ¿Debo permitir que me provoque con insultos, llenos de deshonra, y sufrir que ultraje mis sentimientos en las ocasiones más triviales? Le debo respeto como hijo, pero reniego de ella como amigo. ¿Qué ejemplo me da? Confío en Dios para no seguirlo nunca. No te lo he contado todo, ni puedo hacerlo, te respeto como mujer, y aunque debería confiar en ti como hermana, te escandalizaría con la repetición de escenas, que puedes juzgar por la muestra que te he dado, y que para todos, excepto para ti, están enterradas en el olvido. Ojalá fuera así en mi mente. Me temo que nunca lo harán. ¿Y puedo, mi querida hermana, mirar a esta madre con el respeto y el afecto que debería? ¿Debo estar eternamente sometido a su capricho? Espero que no, de hecho, en unos pocos años me emanciparé de los grilletes que ahora llevo, y puede que entonces gobierne su pasión mejor que en la actualidad. [...] Los preceptos de mi madre nunca transmiten instrucción, nunca se fijan en mi mente, estoy seguro de que están calculados para inculcar obediencia, como las cadenas y las torturas, pero aunque puedan retener por un tiempo, la mente se rebela ante semejante trato. No es que la señora Byron haya herido mi sagrada persona. Soy demasiado mayor para eso, pero sus palabras poseen esa textura áspera que ofende más que los malos tratos personales. «Una mujer parlanchina tiene lengua de víbora», así dice uno de los profetas, aunque no sé cuál, y muy probablemente tú no quieras saberlo, pero era uno de verdad quienquiera que fuese. Los gastos de envío de tus cartas, mi querida Augusta, no recaen sobre mí, pero si lo hicieran no cambiaría nada, porque generalmente tengo efectivo, y diría que la nimiedad que pagué por tus epístolas es el mejor dinero gastado en mi vida. Escribe pronto. Dale recuerdos a lord Carlisle, y créeme que soy tu afectuoso hermano y amigo.

BYRON

MIGUEL DE UNAMUNO A SU MADRE, SALOMÉ DE JUGO

Borrador de una carta dirigida a su madre que el filósofo nunca lle-gó a enviar.

**«Te pasa lo que les pasa a todas las madres,
el cariño te ciega y no me conoces».**

[Salamanca, sin fecha, pero posterior
al 21 de octubre de 1894]

Me imagino el estado de ánimo a que te habrá llevado una representación equivocada de las cosas, y sobre todo los dos errores de que dependen tus temores y pesares.

El primero de estos errores me parece ~~difícil corregir~~ por desgracia para nosotros dos inevitable. Es la idea totalmente equivocada y falsa que estoy seguro tienes de las doctrinas que hace tiempo profeso y que por último he declarado en la carta a que aludes.

Cuando es tan general el más absoluto, el más hondo y más completo desconocimiento de lo que es el socialismo me parece naturalísimo que te parezca cosa enteramente distinta de lo que es, mucho más cuando cuantas ~~veces~~ cosas lees u oyes algo acerca de ellos es de personas que ni lo conocen ni lo estudian ni están capacitadas, y no siempre por falta de inteligencia, para conocerlo. Solo te ruego que me creas que el socialismo no es nada de lo que tú te crees. ¿A qué viene sacar a cuento, sin venir a él, a este pobrecillo ajusticiado por pecados ajenos y propios, cuando eso no tiene que ver <u>nada</u>, absolutamente nada, con el socialismo? Dentro de pocos años parecerá tan ridícula la idea que hoy se tiene de un socialista como ridícula nos parece la que hace sesenta años se tenía en España de un ~~republicano~~ liberal.

Pero vale más deje esto porque repito que ~~para borrar esa~~ hasta que se borre esa idea hacen falta años de labor contra la ignorancia general que en estas cosas reina.

El otro error me toca más de cerca y me apena de veras. Es la idea total, absoluta y completamente equivocada que tienes acerca de mi carácter. Te pasa lo que les pasa a todas las madres, el cariño te ciega y no me conoces. Si me conocieras, ¿me recordarías acaso una simpleza pueril que no sé si he escrito alguna vez, aunque dudo ~~y creo más bien que~~ tuviera el sentido ni la fuerza que quieres darla?

Con la mayor tranquilidad de conciencia, de que afortunadamente gozo, con la mayor lealtad para conmigo mismo te aseguro que no tengo que acusarme en lo que he hecho del menor asomo de soberbia. Algo de ella habré podido tener en otras cosas, ¿quién no la tiene?, pero en eso ni átomo. He hecho lo que he creído mi deber, sabiendo ~~no es el camino para eso que me supones buscar~~ que hay mejores caminos para eso que supones busco.

~~Este desconocimiento de~~ Esta falsa idea de mi carácter se ha corroborado esta vez con la falsa idea que tienes ~~de las ideas que~~ del ideal que abrigo. ~~No~~ Es muy natural que no puedas explicarte cómo haga profesión de ese conjunto de disparates que te figuras es el socialismo no siendo por soberbia o ~~afán de~~ sed de notoriedad.

Pero piensa con calma y serenidad que no entiendo ni la menor idea de lo que es eso. (…)

Miguel

IX

A LA ALTURA DE LA MADRE

Los consejos, las exigencias o las aspiraciones de la madre
para su vástago conforman la primera altura que alcanzar,
el primer espejo donde mirarse y, muchas veces, la máxima
esperanza a la que no defraudar. Así reacciona la descendencia
ante las expectativas maternas en estas cartas.

MARÍA ANTONIETA A SU MADRE, MARÍA TERESA I DE AUSTRIA

«Sois muy amable por interesaros en mí y por querer saber qué hago durante estos días».

Choisy
12 de julio de 1770

Señora, mi muy querida madre:

No puedo expresaros cuánto me han emocionado las bondades que vuestra majestad me otorga, y os juro que todavía no he recibido una de vuestras queridas cartas sin que me brotaran las lágrimas por la pena de estar separada de una madre tan buena y tierna, y, a pesar de que estoy muy bien aquí, desearía ardientemente ver a mi muy querida familia al menos por un instante. Me siento desolada porque vuestra majestad aún no ha recibido mi carta; pensaba que iría por correo, pero Mercy ha juzgado que sería mejor que la llevara Forcheron [ujier de la Cámara Imperial] y, por lo que imagino, esta debe de ser la causa del retraso.

Respecto a mis devociones y la general,* os diré que solo he comulgado una vez. Me confesé antes de ayer con el abad Maudoux, pero como era el día que creía que iría a Choisy, no comulgué, puesto que me pareció que ya tenía suficientes distracciones. Respecto a la general, es el cuarto mes que no me viene, sin que haya una buena razón para ello.

* María Antonieta se refería así a su ciclo menstrual.

Nuestro viaje a Choisy se retrasó un día porque mi marido sufrió un resfriado con fiebre, pero se le pasó en un día: durmió doce horas y media de golpe y se despertó de maravilla, dispuesto a partir. Por lo tanto, estamos aquí desde ayer —y nos pasamos desde el almuerzo, a la una del mediodía, hasta que acaba la cena, más tarde de la una de la noche, sin volver a nuestros aposentos—, lo cual me desagrada mucho, puesto que después de almorzar jugamos hasta las seis, y luego vamos a ver un espectáculo, que dura hasta las nueve y media, y luego la cena, y después todavía jugamos un poco más hasta la una y media de la noche, a veces, pero el rey, al ver que yo ayer no podía más, tuvo la bondad de dejarme marchar a las once, lo cual me dio un gran placer y he dormido de maravilla hasta las diez y media, aunque sola; mi marido, como aún estaba de régimen, se fue antes de cenar y se acostó de inmediato, algo que solo le ocurre en estos casos.

Sois muy amable por interesaros en mí y por querer saber qué hago durante estos días. Os diré que me levanto a las diez o a las nueve, o a las nueve y media, y, después de vestirme, hago las oraciones matinales, después desayuno, y luego voy a casa de mis tías, donde normalmente está el rey. Estoy allí hasta las diez y media; después, a las once, me voy a peinar. A mediodía, se abre la cámara del rey y entonces es mi recepción y todos pueden entrar, excepto las gentes comunes. Me pongo colorete y me lavo las manos delante de todos, y después los hombres se van y las mujeres se quedan y yo me visto delante de ellas. A mediodía también hay la misa. Si el rey está en Versalles, voy con él, mi marido y las tías. Si no está, voy sola con el Delfín, pero siempre a la misma hora. Después de la misa, comemos solo él y yo delante de todos, pero acabamos a la una y media, puesto que ambos comemos bastante rápido. De allí, voy a los aposentos del Delfín y, si tiene asuntos de qué ocuparse, vuelvo a los míos, leo, escribo o trabajo, puesto que le estoy haciendo una casaca, con la que apenas avanzo, pero espero que con la gracia de Dios pueda acabarla en algunos años. A las tres, vuelvo a los aposentos de mis tías, a donde también suele ir el rey. A las cuatro, el abad viene a verme, a las cinco viene el maestro de clavecín o voy a cantar hasta las seis. A las seis y media, casi siempre voy con mis tías, si no salgo a pasear. Debéis saber que mi marido casi siempre viene conmigo a ver a mis tías. A las siete, jugamos hasta las nueve, pero cuando hace buen día, salgo a pasear y entonces no jugamos en mis estancias, sino en las de mis tías. A las nueve cenamos, y, cuando no está el rey, las tías vienen a cenar aquí, pero si está el rey, vamos a cenar con ellas, esperamos al rey, que suele llegar a las once menos cuarto. Yo me tumbo mientras espero en un gran canapé y duermo hasta que llega, pero cuando no está nos acostamos a las once. Esta es nuestra jornada completa. Respecto a lo que hacemos los domingos y los días de fiesta, me lo reservo para otra carta.

Os suplico, mi querida madre, que me perdonéis si la carta es demasiado larga, pero entretenerme con ella es mi único placer. Todavía os pido perdón si la carta está manchada, pero es que he tenido que escribirla durante dos días en el vestidor, puesto que no tengo más tiempo para mí, y si no os respondo exactamente, creed que es porque no quiero atiborrar demasiado esta carta. Es necesario que acabe para vestirme e ir a la misa del rey. Tengo por lo tanto el honor de ser la hija más sumisa.

Os mando la lista de los regalos que he recibido porque creo que os podrá divertir.

[María Antonieta]

INFANTA DOÑA MARÍA
DE PORTUGAL A SU MADRE,
DOÑA LEONOR DE AUSTRIA

«Sometiéndome a tu mandato, comencé a entregarme a las letras latinas en la medida en la que me lo permitían las delicias de la corte y mis infantiles años».

Salud a la Cristiana, Piadosa y Obsequiosa Reina de Francia, doña Leonor, de su hija María.

En virtud del amor que Vuestra Alteza profesa por mi persona, piadosísima madre, por carta más de una vez, me consultasteis y me mandasteis en nombre del cariño que siente una madre por una hija que me esforzara en aprender la lengua latina, por lo cual en este asunto he volcado todo mi gozo y no poco ornato. Así pues, aunque a ratos desistía por la dificultad de la tarea emprendida, no obstante, sometiéndome a vuestro mandato, comencé a entregarme a las letras latinas en la medida en la que me lo permitían las delicias de la corte y mis infantiles años. Por entonces por mi edad no podía amar estos estudios, cuya utilidad todavía no entendía, ni podía sobrellevar con un ánimo equilibrado aquellos fatigosos trabajos de la gramática. Pero ahora, cuando he degustado completamente la suavidad de la lengua romana y he conseguido conocer cuán hermoso es el latín, abrazo esta tarea no de mala gana como antes, sino con el ánimo divertido. Y a Vuestra Majestad, que me impelió a ello con sus órdenes y con sus frecuentes exhortaciones, y que me arrastró a la residencia de todas las virtudes —así ciertamente llamaré justamente a las Letras—, os doy las gracias más grandes y os daré las máximas mientras viva, pues nunca podré agradeceros, en la medida que os merecéis dignamente, los beneficios tan grandes que me habéis proporcionado. Y aunque en este género han crecido nuestras fuerzas de tal modo que para mí misma son más que suficientes, he querido ofrecer esta carta a Vuestra Alteza, para que conozcáis mis progresos en estos estudios. Si los apreciáis y los consideráis merecedores de elogios, me animaréis para que haga progresos en ellos con más placer aún. Pero si los menospreciéis, me esforzaré en lo sucesivo para merecer vuestra aprobación aunque sea un poco menos. Finalmente, cuando complazca con este trabajo a Vuestra Alteza y aleje de mí cualquier vulgaridad, en lo futuro procuraré con todo cuidado compensar aquello de lo que carezco con un trabajo diligente y un atento estudio.

Que Cristo conserve a Vuestra Alteza.

LOUISA MAY ALCOTT A SU MADRE, ABBY MAY, AL ACABAR SU PRIMERA NOVELA, *MUJERCITAS*

«Si alguna vez hago algo de lo que pueda estar orgullosa, mi mayor felicidad será poder agradecértelo».

20 Pinckney Street, Boston
25 de diciembre de 1854

Querida madre:

Dentro de tu calcetín de Navidad he metido a mi «primogénito», sabiendo que lo aceptarás con todos sus defectos (ya que las abuelas siempre sois buenas y amables), y que lo verás simplemente como una señal de lo que puedo llegar a hacer; porque, con tanto con lo que animarme, espero pasar con el tiempo de las hadas y fábulas a los hombres y realidades.

Cualquier belleza o poesía que se encuentre en mi pequeño libro se debe a tu interés y aliento de todos mis esfuerzos desde el primero hasta el último; y si alguna vez hago algo de lo que pueda estar orgullosa, mi mayor felicidad será poder agradecértelo, como puedo agradecerte todo lo bueno que hay en mí; y me alegrará escribir si eso te complace.

Jo se está alborotando;
Mi lámpara se está apagando.

A mi querida madre, con el deseo de un feliz año nuevo y una feliz Navidad.

Tu amada hija, siempre,

LOUY

FRIEDRICH NIETZSCHE, TRAS UNA RESACA, A SU MADRE, FRANZISKA OEHLER

«Puedes imaginarte lo deprimido y miserable
que me siento por ello».

Pforta
Abril de 1863, jueves por la mañana

Querida madre:

Si te escribo hoy es ciertamente por el asunto más triste y desagradable que me ha tocado relatar. Porque me he portado muy mal y no sé si me perdonarás o si podrás llegar a hacerlo alguna vez. Tomo la pluma para escribirte con el corazón encogido y muy a mi pesar, sobre todo cuando pienso en los agradables y tranquilos momentos que pasamos juntos durante las vacaciones de Pascua. Pues bien, el pasado domingo me emborraché y no tengo más excusa que esta, que no sabía cuánto podía aguantar y que resulta que esa tarde estaba algo alterado. Cuando volví, Herr Kern, uno de los maestros, se cruzó conmigo estando yo en ese estado. Hizo que el martes me llamaran ante el Sínodo; fui degradado a tercero de mi división y cancelaron la hora de mi paseo dominical. Puedes imaginarte lo deprimido y miserable que me siento por ello, sobre todo por causarte semejante tristeza por un asunto tan ignominioso, como nunca antes había ocurrido en mi vida. También me apena por el reverendo Kletschke, que no ha hecho más que demostrarme una inesperada confianza. Por este único error he echado a perder por completo la posición bastante buena que conseguí labrarme el pasado curso. Estoy tan enfadado conmigo mismo que no puedo seguir con mi trabajo ni tranquilizarme en absoluto. Escríbeme pronto y hazlo con severidad, porque me lo merezco; nadie mejor que yo sabe cuánto me lo merezco.

No es necesario que te dé más garantías sobre la seriedad con la que me recuperaré, porque depende mucho de ello. Había vuelto a sentirme una vez más demasiado seguro de mí mismo, y esta confianza en mí mismo se ha visto ahora completamente alterada, y de una manera muy desagradable.

Hoy iré a ver al reverendo Kletschke y hablaré con él. Por cierto, no le digas nada a nadie si no se sabe ya. Te ruego además que me envíes mi bufanda lo antes posible, ya que sufro de una constante ronquera y dolores en el pecho. Envíame también el peine que te he mencionado. Adiós y escríbeme muy pronto; y no te enfades demasiado conmigo, querida madre.

Tu muy apenado

FRITZ

X

LA MADRE, LA ÚLTIMA SALVADORA

Cuando la vida pende de un hilo, de una ayuda o de alguien a quien llamar para pedir auxilio, la madre es la gran salvadora. La última carta antes de la catástrofe o de cometer lo irreparable está dirigida a la madre del atormentado.

CHARLES BAUDELAIRE A SU MADRE, CAROLINE BAUDELAIRE, ANTES DEL CONSEJO DE FAMILIA

Al alcanzar la mayoría de edad, el joven Charles recibe la parte de la herencia paterna que le corresponde y, en poco tiempo, dilapida buena parte de su patrimonio. Ante tal despilfarro, su familia organiza un consejo legal que le retira el uso de ese dinero —del que solo podrá cobrar los intereses— y nombra a un administrador de su capital, lo que limita de facto sus derechos civiles y su libertad. Esto será, según sus propias palabras, el origen de su desdicha porque, además de rebajarle a una categoría y un estatus jurídico inferiores a los de cualquier ciudadano, este acuerdo deja de lado las deudas monumentales del joven poeta, que literalmente estrangularán su existencia y convertirán su vida en un infierno: perseguido por sus acreedores, cambiará de domicilio continuamente para no ser encarcelado...

«No estoy hecho como los demás hombres».

Verano de 1844

Una llamada suprema a tu sensatez y a la ternura tan viva que dices sentir por mí... y te ruego que no muestres esta carta a nadie. También te pido que no veas en esto ninguna intención de apelar a un sentido patético, ni de influirte si no es por algunos razonamientos. La extraña costumbre que han adoptado nuestras discusiones de llegar a la acritud, en la que frecuentemente no hay nada de verdad por mi parte, el estado de nerviosismo en el que me encuentro, la decisión que has tomado de no escucharme más, me han obligado a recurrir a la forma de una carta, con la que quiero convencerte de cuánto te puedes estar equivocando a pesar de toda esta ternura. Escribo todo esto después de dejar descansar mis pensamientos, y cuando cavilo en el estado de enfermedad en el que me encuentro desde hace varios días, provocado por la cólera y la sorpresa, me pregunto cómo, por qué medios, podré llevarlo a cabo. No paras de intentar convencerme y repetirme que todo esto es de lo más natural, y que de ninguna forma es deshonroso. Es posible, y así lo creo. Pero, en última instancia, ¿qué importa lo que sea en verdad para casi todos los demás, si es algo completamente diferente para mí? Consideras, me has dicho, que mi cólera y tristeza serán pasajeras. Consideras que es una reprimenda por mi bien. Pero debes meterte algo en la cabeza, algo que todavía pareces ignorar. Y es que, verdaderamente, respecto a mi desdicha, no estoy hecho como los demás hombres. Lo que tú consideras una necesidad y un dolor circunstancial, yo no puedo, no puedo soportarlo.

[…] No puedes hacerte una idea de lo que sentí ayer, de cómo me temblaron las piernas de desaliento, cuando vi que la cosa era seria… Algo así como unas ganas de mandarlo todo a paseo, de desentenderme de todo, de ni siquiera ir a casa de M. Ed. Blanc a buscar mi carta, diciéndome con toda tranquilidad: para qué, ya no lo necesito. Ya solo me queda contentarme con comer como un idiota lo que ella quiera darme.

[…] Te repito mis ruegos, con insistencia. Estoy seguro de que te equivocas —después de esto—, si no te he explicado debidamente que sería más agradable y razonable entendernos a las buenas, haz lo que quieras, y que sea lo que sea.

CHARLES

ÚNICA CARTA CONSERVADA DE PAUL VERLAINE A SU MADRE, ÉLISA STÉPHANIE DEHÉE

La única carta que se conserva del poeta Paul Verlaine a su madre es esta súplica, para que lo salve de la muerte voluntaria. Su profunda desesperación será aliviada por la intervención de su madre, que, tras sus escandalosos y peligrosos amoríos con Rimbaud, lo llevará de vuelta con su esposa. De poco le servirá al poeta, que morirá pocos años después en París, vagabundo, alcohólico y solo.

«Adiós, si es necesario».

4 de julio de 1873

Madre:

¡He decidido matarme si mi mujer no viene en tres días! Le he escrito. Actualmente, estoy en esta dirección:

Señor Paul Verlaine, Hotel Liégeois, Rue du Progrès, habitación n.º 2, Bruselas.

Adiós, si es necesario.
Tu hijo, que te ha amado tan bien.

P. VERLAINE

Me he ido de Londres a toda prisa.

ARTHUR RIMBAUD A SU MADRE, VITALIE RIMBAUD

«Ahora mismo, me encuentro mal».

Harrar,
20 de febrero de 1891

Mi querida madre:

Recibí sin problemas tu carta del 5 de enero.

Veo que todo os va bien en casa, excepto el frío que, por lo que he leído en los periódicos, es excesivo en toda Europa. Si volviera en estas condiciones, no tardaría en morir.

Ahora mismo, me encuentro mal. Por lo menos, tengo unas varices en la pierna derecha que me hacen sufrir mucho. ¡Esto es lo que se gana llevando una existencia miserable en estos países tristes! Y las varices se complican por el reumatismo. Aquí no hace frío, pero el clima causa todo esto. Hoy hace ya quince días que no puedo pegar ojo debido a los dolores de esta maldita pierna. Me iría de buena gana, y creo que el calor de Adén me sentaría bien, pero me deben mucho dinero y no puedo marcharme porque lo perdería. He pedido en Adén una media para las varices, pero dudo de que puedan encontrarla.

Por eso te pido este favor: cómprame una media para las varices, para una pierna larga y delgada (calzo un 41). Es necesario que la media me llegue más arriba de la rodilla, porque tengo una variz por encima de la corva. Las medias para varices son de algodón, o de seda lisa con hilos elásticos que contienen las venas hinchadas. Las de seda son las mejores, las más resistentes. Creo que no son caras. En todo caso, te las pagaré.

Mientras tanto, llevo la pierna vendada.

Envíalas bien empaquetadas, por correo, al señor Tian en Adén; él me las hará llegar cuando tenga ocasión.

Es probable que encuentres las medias para las varices en Vouziers. En cualquier caso, el médico puede pedir un buen par, de donde sea.

Esta dolencia me la han causado los largos trayectos a caballo, y también las marchas extenuantes, porque en este país hay un laberinto de montañas abruptas por las que ni siquiera se puede ir a caballo. Y a todo esto hay que sumar que no hay carreteras, a veces ni siquiera senderos.

Las varices no representan ningún peligro para la salud, pero me impiden hacer cualquier ejercicio vigoroso. Es una gran molestia, porque producen llagas si no se llevan medias adecuadas. ¡Pero eso no es todo! Las piernas nerviosas no soportan de buena gana estas medias, sobre todo por la noche. Además, padezco un dolor reumático en esta maldita rodilla derecha que me tortura y me asalta solamente por las noches. Y hay que tener en cuenta que, en esta estación, que es el invierno de este país, nunca tenemos menos de diez grados por encima de cero (no por debajo), pero soplan unos vientos secos que son muy insalubres para los blancos en general. ¡Incluso los europeos jóvenes, de veinticinco a treinta años, padecen reumatismo después de pasar dos o tres años aquí!

La mala comida, el alojamiento malsano, la ropa demasiado ligera, las preocupaciones de todo tipo, el aburrimiento [...], todo esto incide profundamente sobre la moral y la salud, en muy poco tiempo. Un año aquí vale por cinco en cualquier otra parte. Se envejece muy rápido, como en todo Sudán.

Cuando respondas, aclárame cuál es mi situación en relación al servicio militar. ¿Tengo que prestar algún servicio? Confírmamelo y respóndeme.

RIMBAUD

XI

EL PASO DE HIJA A MADRE (O NO): EL EMBARAZO, EL PARTO, LA MATERNIDAD...

¿Cómo vive una mujer el tránsito hacia la maternidad? En estas cartas las autoras se sinceran con sus madres sobre sus preocupaciones ante este cambio vital: desde la negativa a convertirse en madre hasta el parto y las nuevas costumbres con su vástago (como la lactancia o los juegos), pasando por las primeras esperanzas y los incipientes síntomas del embarazo.

MARÍA ANTONIETA, EMBARAZADA, A SU MADRE, MARÍA TERESA I DE AUSTRIA

«Debo también calmar la alarma y la inquietud de mi querida madre dándoos una explicación fiel y cierta de mi manera de vivir».

Versalles
19 de abril de 1778

Señora, mi querida madre:

Mi primer impulso, que me arrepiento de no haber seguido, hace ocho días, fue comunicarle mis esperanzas a mi querida madre. Me contuve por el temor de causar una gran tristeza, si al cabo mis esperanzas se desvanecían. Todavía no están totalmente aseguradas, y no confiaré por completo en ellas hasta los primeros días del próximo mes, momento del segundo ciclo. Mientras tanto, creo contar con buenas razones para confiar. Jamás he tenido retrasos; al contrario, más bien siempre avances. El mes de marzo, el día tres, tuve la regla. Ya estamos a diecinueve y no ha pasado nada. Por lo demás, me encuentro de maravilla, tengo más apetito y más sueño. Debo también calmar la alarma y la inquietud de mi querida madre dándoos una explicación fiel y cierta de mis hábitos cotidianos. Desde que comenzaron estas esperanzas, he interrumpido cualquier viaje en coche y me he limitado a breves paseos a pie. Me aseguran que, cuando haya pasado el segundo ciclo, será saludable estar menos encerrada. Mi querida madre podéis estar segura de que seré prudente y estaré atenta a todos mis movimientos [...].

«Si mi querida madre tiene la bondad de ser la madrina, espero que tenga la bondad de enviar su consentimiento y los nombres que quiera darle».

Versalles
14 de agosto de 1778

Estoy llena de felicidad porque, encontrándose mi embarazo en un momento tan delicado, mi salud siga siendo tan buena. Mi bebé se movió por primera vez el viernes 31 de julio, a las diez y media de la noche. Desde entonces, se revuelve frecuentemente, lo cual me causa un gran júbilo. No puedo expresar a mi querida madre lo feliz que me hace cada movimiento. Durante este tiempo, he engordado mucho, incluso más de lo que es corriente a los cinco meses. Si duda no merezco ningún elogio por la fiesta de Trianón, me habría sido imposible fingir nada. Unos días después, volví a mi vida ordinaria. Mi cabeza no da abasto con los pensamientos que me atormentan. Sigue siendo verdad que son necesarios para alejar las conjeturas y los razonamientos. Por medio de los filósofos e intrigas de todo tipo, el rey de Prusia ha logrado un gran número de partidarios y, en ciertos momentos, me veo obligada a mostrar un rostro alegre, para el que sin duda no tengo causa ni ganas. Vamos a pasar ocho días en Choisy. No he creído que deba oponerme a los dos espectáculos que siempre están presentes en los viajes, habríamos tenido una discusión sobre ello. Se ha decidido que mi bebé sea bautizado y reciba su nombre justo después de nacer. Si mi querida madre tiene la bondad de ser la madrina, espero que tenga la bondad de enviar su consentimiento y los nombres que quiera darle. El rey de España será el padrino. Estoy muy impaciente por la próxima carta. Me atrevo a pensar que me traerá un buen resultado: ¡Dios quiera que no sea decepcionante!

GEORGE SAND A SU MADRE, SOPHIE VICTOIRE DUPIN, SOBRE DEJAR DE DAR EL PECHO

«Quizá sea un poco pronto; pero prefiere la sopa, el agua y el vino a todo lo demás».

París

17 de marzo de 1824

Estoy encantada de saber que se encuentra mejor, querida mamá, y espero que, en el momento en que escribo, ya esté completamente curada, al menos lo deseo de todo corazón y, si pudiera, la devolvería a sus quince años, algo que le daría un gran placer, así como a muchos otros.

Se ha tomado usted la molestia de destetar a un niño grande como Oscar, y ha prestado a Carolina un verdadero servicio de madre. El mío ya no necesita que le dé el pecho, está destetado. Quizá sea un poco pronto; pero prefiere la sopa, el agua y el vino a todo lo demás, y, puesto que no quiere mamar, me ha disminuido la leche, sin que nos hayamos dado cuenta ni él ni yo. Está rollizo y fresco, con muy buen color, con una actitud y un carácter bien decididos. No tiene más que seis dientes, pero le sirven de maravilla para comer pan, huevos, tortas, carne… En fin, todo lo que puede agarrar. Muerde como un perrito las manos que le molestan […]. Se pone muy bien en pie para caminar, pero todavía es demasiado pequeño para correr tras Oscar. En uno o dos años, se pelearán por los juguetes.

Espero, querida mamá, que el deseo que me expresa de

vernos de nuevo, y que comparto con usted, se cumplirá pronto. Esperamos escaparnos brevemente en Pascua para presentar a Maurice a su abuelo, que todavía no lo conoce y desea verlo tanto como se puede imaginar. Quiero darle una sorpresa. No le comentaré nada en las cartas y le mandaré a Maurice sin decir quién es. Nosotros esperaremos tras la puerta para divertirnos con su confusión. Pero no tendría que decirle esto a usted, pues me gustaría hacerle lo mismo. Así que no espere que le avise de mi llegada.

Adiós, querida mamá, deme noticias sin falta. Le mando un beso de todo corazón, también de parte de Casimir. Respecto a Maurice, cuando alguien quiere besarlo, se da la vuelta y ofrece el trasero. Espero que usted le pueda corregir esta mala costumbre.

[AURORE]

GEORGE SAND A SU MADRE, SOPHIE VICTOIRE DUPIN, SOBRE COSAS DE MADRE

«Hay algo que me cuesta más: es estar lejos de usted, a quien tan feliz me haría presentarle a mis hijos».

Nohant
1 de febrero de 1830

Mi querida mamá:

Si no hubiera recibido noticias suyas gracias a mi marido y a mi hermano, que acaba de llegar, estaría preocupada por su salud, puesto que hace mucho que no me da noticias. Hace ya unos días que lo tenía pendiente, pero me lo ha impedido el delicado estado de salud de Maurice. Tuvo una irritación de estómago, acompañada de una fiebre violenta, uno de cuyos ataques duró veinticuatro horas sin interrupción, entre el delirio y el letargo, con sueños entremezclados y temblores casi convulsivos. Lo he pasado fatal durante estos días. Por suerte, los cuidados continuos, las sangrías, las cataplasmas y las lavativas han suavizado esta crisis, e incluso se ha recuperado antes de lo que me atrevía a esperar. Ahora ya está bien y ha retomado las clases, que para mí son una gran ocupación. Apenas me quedan unas horas al día para hacer un poco de ejercicio y jugar con mi pequeña Solange, que es bella como un ángel, blanca como un cisne y dulce como un corderito. Ha tenido una buena institutriz que le sirvió mucho para aprender idiomas, pero que era tan lamentable en todo lo demás que, después de no pocas indulgencias que no han servido de nada, he acabado por despedirla esta mañana por haber llevado a Maurice (que apenas había salido de la cama después de esta indigestión fatal) al pueblo para que se atiborrara de pan caliente y vino local. He confiado a Solange a los cuidados de la mujer de André [Caillaud], que trabaja para nosotros desde hace dos años y es una buena persona.

Le envío el retrato de Maurice que dibujé la misma noche en que cayó enfermo. No me atrevo a decirle que se parece mucho, tuve poco tiempo para observarlo, porque se estaba durmiendo en la silla. Creía que solo era la necesidad de dormir un poco después de jugar, cuando en realidad se trataba del dolor de cabeza y la fiebre que empezaban a adueñarse de él. Desde entonces, no me he atrevido a hacerle posar por miedo a fatigarlo. Al retocar el esbozo, he tratado de plasmar su fisionomía traviesa y decidida cuanto he podido. Me parece que la expresión está bien. Lo único es que el retrato lo hace un año o dos mayor, la distancia entre la nariz y el ojo es un poco exagerada, y la boca no está lo bastante fruncida, como la mía. Al contemplar más de cerca los rasgos de esta figura, con unas pestañas muy largas que el dibujo no puede captar y que le dan a la mirada mucho encanto, con unos colores rosados muy vivos y una tez medio morena medio clara, y con las pupilas de un negro anaranjado, es decir, de un negro no tan bello como el de usted, pero casi igual de grandes, en fin, haciendo un esfuerzo de imaginación, se puede hacer una idea de su carita, que me parece será más bella que bonita. Su figura no tiene defectos: esbelta, derecha como una palmera, flexible y graciosa, con unas manos y unos pies muy pequeños, y el carácter… es un poco irritable, un poco voluntarioso, un poco testarudo. Pero tiene un corazón excelente y una inteligencia susceptible de desarrollarse. Lee muy bien y empieza a escribir. También ha empezado a estudiar música, ortografía y geografía, disciplina esta última que es un placer para él.

Ya sé que no es más que una cháchara de madre, pero usted no me hará ningún reproche porque sabe lo que significa para mí. No pienso en otra cosa que en las lecciones y sacrifico todos los placeres que tenía antaño. Es un momento en que todas mis atenciones son necesarias, en que no se puede subestimar la educación de un chico. Nunca he agradecido tanto estar obligada a vivir en el campo, donde me puedo dedicar a ello completamente. No echo de menos ninguno de los placeres de París. Cuando voy a verlos, me encantan los espectáculos y las carreras, pero por suerte también sé que no tiene sentido pensar en eso cuando no voy o no puedo ir. Pero hay algo que me cuesta más: es estar lejos de usted, a quien tan feliz me haría presentarle a mis hijos, y a quien me gustaría colmar de atenciones y felicidad. Me causa usted mucha tristeza al negarme continuamente el cumplimiento de un deber que tanto placer me daría. Apenas me atrevo a insistirle por miedo a no poder ofrecerle los placeres que encuentra en París y de los que el campo no dispone. No obstante, tengo la seguridad interior de que, si la ternura y los cuidados bastasen para hacerle la vida agradable, le gustaría la que yo podría proporcionarle aquí.

Adiós, mi querida mamá, todos le mandamos besos, los mayores y los pequeños. Escríbame sin falta. No es suficiente con que yo sepa que está bien. Quiero que me lo diga usted y que me dé una bendición.

Un beso para el amigo Pierrot [Pierret].

[AURORE]

XII

DE LA MADRE AL CIELO: CARTAS ESTELARES

Para algunos grandes autores, la correspondencia
con su madre desata todo su potencial y creatividad artística,
por lo que sus cartas, bajo la sombra de la madre o hacia
su luz, se convierten en gran literatura.

ANTONIO MACHADO A SU MADRE, ANA RUIZ HERNÁNDEZ

«La felicidad es simplemente una cuestión
de egoísmo o de inconsciencia».

[Finales de junio de 1912]

Queridísima mamá:

Acabo de recibir tu carta por conducto de don Vicente. Leonor se encuentra un poco repuesta de la última crisis. Yo he llegado a concebir la esperanza de que, si se acentuara un poco su mejoría y cobrase alguna fuerza, podríamos ir a Madrid para que Hausser y algún especialista la tratase. Excuso decirte cuánto placer sería para mi tenerte aquí. Conviene esperar un poco, sin embargo, por lo que te he indicado. Por lo demás, Leonor también desea verte y hoy mismo me lo dice, aunque no le he leído tu carta y en lo sucesivo no le extrañará ni preocupará el que le hables de venir aquí, al contrario, le agradará mucho. Su deseo es también ir ella y, de no poder, que tú vengas.

Mucho me entristece el haberte inquietado y entristecido tanto con mi última carta. Sería vano que yo tratase de ocultar mi sufrimiento; pero también has de tener en cuenta que con las grandes calamidades vienen las grandes resignaciones; que yo tengo el consuelo de poderme consagrar a cuidarla y el cumplimiento de lo que el cariño y el deber me imponen, eso no puede determinar en mí un estado de violento y agudo dolor sino de triste conformidad con lo irremediable. Te digo esto porque creo que sientes al par que la tristeza natural por la enfermedad de Leonor, una gran inquietud imaginando en mí un estado de ánimo vecino de la desesperación. No. Mi tristeza es grandísima, pero no puede tener nada de violenta. Tampoco tengo perdida toda esperanza en una mejoría, si no absoluta, relativa.

Mi salud, por lo demás, no puede ser mejor. Es cierto que los sufrimientos morales siempre perjudican; pero hay algo mucho más nocivo a la salud que es la vida desordenada y esta hace mucho tiempo que terminó para mí y hoy más que nunca, mi vida está regularizada por las mismas necesidades del enfermo. Vivo ajustado a cronómetro y mi única expansión consiste en respirar aire puro. Aunque te parezca extraño, nunca he estado tan bien de salud. Así pues, queridísima mamá, no te acongojes tú por mi situación, el golpe terrible para mí fue el que llevé en París, cuando la enfermedad de Leonor nos hirió como un rayo en plena felicidad. Nuestro ánimo, al fin, se adapta a todo, y las ocupaciones y los deberes que impone la misma desgracia son otros tantos cauces del dolor, que lo alivian y mitigan. De esto sabes tú más que yo pues tu vida ha sido de continuo sufrimiento por los seres queridos. Además, la felicidad es simplemente una cuestión de egoísmo o de inconsciencia. Siempre tenemos motivos para sufrir; pero los únicos dolores que no denigran y que llevan su consuelo en sí mismos, son los que pasamos por los demás.

El plan mío y de Leonor es desde luego ir a Madrid, si la mejoría se acentúa pronto; en caso contrario que tú vengas aquí. Leonor me decía hoy: ahora puede la mamá Anita venir a ver a su niña, si su niña no va a verla a ella. Cuando nos escribas, háblanos de tu viaje pues a ella le agradará saber que tú estás dispuesta a venir.

[...]

Mil abrazos a todos y mil besos para ti.

Antonio

GUSTAVE FLAUBERT A SU MADRE, CAROLINE FLAUBERT

«Llevamos en nosotros nuestro pasado; durante toda la vida, no dejamos de oler a nuestra nodriza».

Constantinopla
24 de noviembre de 1850

[...] Hay muchas cosas del mundo que, en tu candor, pobre anciana, ignoras. Yo que me estoy convirtiendo, palabra de honor, en un grandísimo moralista y que, por otra parte, me he sumergido apasionadamente en este tipo de estudios, he retirado no pocos visillos que ocultaban vilezas sin nombre. Se enseña a las mujeres a mentir de una manera infame. El aprendizaje les dura toda la vida. Desde la primera criada que tienen hasta el último amante, todos contribuyen a hacerlas más canallas, y después se les echa en cara. El puritanismo, la mojigatería, la hipocresía, el sistema de ocultamiento, del encierro, desnaturaliza y echa a perder a las creaciones más encantadoras de Dios cuando están en la flor de la vida. Ya completarás por ti misma todo lo que quiero decir aquí. Me da miedo el corsé moral, eso es todo. Las primeras impresiones no se borran, tú lo sabes. Llevamos en nosotros nuestro pasado; durante toda la vida, no dejamos de oler a nuestra nodriza. Cuando me analizo, encuentro en mí, todavía frescos y con todas sus influencias (modificadas, es verdad, por las combinaciones de su encuentro), el lugar del padre Langlois, el del padre Mignot, el de don Quijote y mis ensoñaciones de niño en el jardín, al lado de la ventana del anfiteatro. En resumidas cuentas: coge a alguien que le enseñe inglés y las primeras materias generales. Empápate de todo ello tú también, todo lo que puedas, y evalúa el carácter y la sensatez (le doy a esta palabra la acepción más amplia) de la persona. Por lo demás, me parece que es una cuestión subordinada momentáneamente a tu viaje. Si te llevas a Lilinne contigo, es inútil contratar a una institutriz ahora. Ya lo harás el verano que viene. Acerca del inglés, me encontré en Esmirna a un tipo curioso (el hijo del cónsul inglés de Nantes) que conoce mucho a Ernest Delamarre, que vivió en Rouen durante seis meses hace unos dos años y que a menudo paseaba en barca por el Sena. Conoce Croisset. En el hotel estamos con dos jóvenes casi compatriotas, un tal señor Hamelin des Andelys, y un tal señor Fortier (d'Évreux). Es algo increíble la de gente conocida que te encuentras de viaje. En Esmirna, cenamos con unos médicos (una cena excelente) que conocían de nombre a nuestros padres.

Hace un momento he hablado de observación moral. Nunca habría sospechado lo importante que es este aspecto en un viaje. Trata uno con tanta gente distinta que verdaderamente acaba por conocer un poco el mundo (a fuerza de recorrerlo). La tierra está cubierta de figuras espléndidas. En los viajes hay aspectos cómicos inmensos y no explotados. No sé por qué nadie hasta ahora se ha fijado en esto que me parece tan natural. Y, aparte, hay quien enseguida te abre su corazón y te hace confidencias extrañas. Un hombre viaja durante un año y no halla con quién hablar; te encuentras con él una noche, en un hotel o bajo una tienda; primero, la conversación es sobre política, luego sobre París, después el corcho de la botella sale suavemente, el vino brota y, en dos horas se va vaciando, hasta el fondo, o casi. Al día siguiente te separas, nunca más volverás a ver al amigo íntimo de la última noche. Incluso respecto a esto a menudo surgen melancolías singulares.

He visto a los derviches aulladores. Ya estaba preparado por todo lo que había visto en El Cairo. Tampoco ha habido nada que me haya sorprendido. Volveremos el próximo jueves. Habrá cosas interesantes: aplicarán en sus cuerpos un montón de instrumentos de tortura que vimos colgados de las paredes. Pero me parece que no se elogia lo bastante a los derviches giradores. No hay nada más encantador que ver a todos aquellos hombres con sus largas faldas y su figura estática con el cielo de fondo. Giran sin parar durante una hora. Uno de ellos nos ha dicho que, si no tuviera que alzar los brazos por encima de la cabeza, sería capaz de girar durante seis horas seguidas. Este mismo nos hace alguna visita de vez en cuando. Le damos una botella de aguardiente que bebe muy bien, por ser musulmán. Esta mañana nos ha traído [...].

GUSTAVE FLAUBERT

«Lo que te pido es que ames como yo amo, que llores como yo lloro y que lo hagas por los mismos motivos, que sientas como yo siento, eso es todo».

Patras
9 de febrero de 1851

Todo lo que me dices de Degronville y de Le Poittevin, y de su hija, etc., y del olvido de los ausentes, no me sorprende en absoluto. Así son las almas comunes. La banalidad de la vida nos puede asquear de tristeza, si la consideramos de cerca. Los juramentos, las lágrimas, las desgracias... Todo se pierde como un puñado de arena entre las manos. Espera, resiste un poco, pronto ya no habrá nada. Y, por lo demás, es aburrido desempeñar siempre el mismo papel, y el público lo tiene poco en cuenta. Es extenuante cargar siempre con el mismo sentimiento... Necesitamos cambios, distracciones. Esta es la gran palabra. El corazón, como el estómago, quiere alimentos variados, y, por otro lado, las personas ordinarias, las débiles, las estúpidas, las mezquinas, ¿no tienen atracciones irresistibles? ¿Por qué tantos maridos se acuestan con sus cocineras? ¿Por qué Francia ha querido a Luis XVIII después de Napoleón? Lo más triste de todo esto es darse cuenta demasiado tarde del desmoronamiento de una vieja y antigua amistad. Gracias a las viejas y antiguas simpatías todavía se podía tener fe en una profunda comunidad sentimental que ya no existe. Nos decíamos: cuando la necesite, vendrá en mi ayuda. La llamamos, pero no responde, la oreja amiga ni siquiera entiende nuestra lengua. De un hombre a otro hombre, de una mujer a otra mujer, de un corazón a otro... ¡qué abismos los separan! A su lado, la distancia de un continente a otro no es nada.

¿Acaso necesito que te tires al agua si yo me caigo en ella? ¿O que me defiendas de los asesinos? Sé nadar y ya nadie asesina. El corazón no tiene hambre de sacrificios, sino de confidencias. Lo que te pido es que ames como yo amo, que llores como yo lloro y que lo hagas por los mismos motivos, que sientas como yo siento, eso es todo. No hay nada más inútil que esas amistades heroicas que se exigen pruebas para demostrarse. Lo difícil es encontrar a alguien que no te ponga de los nervios en todas las circunstancias de la vida.

¿No te parece, querida anciana, que me vuelvo diabóli-

camente moralista cuando estoy de viaje? Desde hace dieciocho meses, he visto a muchas personas practicar la humanidad. Viajar acrecienta el desprecio que se tiene por
ella. Se ven demasiadas canalladas. Desde el beduino que
te pide veneno para librarse de su padre a la madre que te
vende a su hija, las sorpresas son infinitas. Nunca había
sospechado este aspecto del viaje. Viajamos para ver ruinas
y árboles pero, entre las ruinas y los árboles, se encuentran
cosas muy diferentes: paisajes y canalladas, el sol sobre las
mármoles en ruina transmite una piedad tranquila e indi-
ferente, una serenidad soñadora que pasea su vista sin fi-
jarse en nada, porque todo te da igual y te parece amar
tanto a las bestias como a los hombres, tanto los guijarros
del río como las casas de las ciudades, saturado de tantas
puestas de sol, del sonido de las olas y de las hojas, del olor
de los bosques, y de los rebaños, con el recuerdo de figuras humanas en todas las posturas, con todas las expresio-
nes y muecas del mundo, el alma se recoge en sí misma
[ilegible], como una bayadera aletargada con opio.

También el egoísmo se acrecienta cuando uno está de
viaje, a fuerza de ver tanta gente que te es más extraña que
el manojo de lentiscas que está al borde del camino. Solo
pensamos en nosotros mismos, solo nos interesamos por
nosotros mismos, y daríamos la vida de un regimiento para
ahorrarnos un resfriado. Hay un proverbio oriental que
dice: «Desconfía del *hadji* (=peregrino)». A fuerza de ser un
hadji, te conviertes en un sinvergüenza, al menos es lo que
creo.

GVE. FLAUBERT

RAINER MARIA RILKE A ELLEN KEY

«Vestí hasta el colegio como una niña pequeña; creo que mi madre jugaba conmigo como con una gran muñeca».

Hotel Florence, Viareggio,
presso Pisa (Italia)
3 de abril de 1903

¿Cómo puedo agradecerte, querida Ellen Key, tus dos cartas tan indeciblemente cariñosas? Lo que más me gustaría es escribirte una carta larga, muy larga, un libro entero, y contarte cómo fue todo, cómo fue mi infancia, mi difícil difícil infancia.

[...] Mi padre comenzó la carrera militar (siguiendo una tradición familiar), pero luego se pasó a la de funcionario. Es funcionario del ferrocarril, ocupa un puesto bastante alto en una línea de ferrocarril privado, que se ha ganado con infinita meticulosidad. Vive en Praga. Allí nací yo. Hace veintisiete años. (En el bautismo católico recibí el nombre de René Maria). No sé nada sobre la familia de mi madre. Su padre era un rico comerciante cuya fortuna se esfumó con un hijo pródigo. El hogar de mi infancia era un angosto apartamento alquilado en Praga; era muy triste. El matrimonio de mis padres ya se había marchitado al nacer yo. Cuando tenía nueve años, la discordia estalló abiertamente y mi madre dejó a su marido. Era una mujer muy nerviosa, delgada y morena, que quería algo indefinido de la vida. Y así sigue. En realidad, estas dos personas deberían haberse entendido mejor, pues ambas conceden un valor infinito a lo externo; nuestro pequeño hogar, que en realidad era de clase media, debía aparentar abundancia, nuestras ropas debían engañar a la gente, y ciertas mentiras pasaban como algo natural. No sé cómo fue conmigo. Tuve que llevar ropa muy bonita y vestí hasta el colegio como una niña pequeña; creo que mi madre jugaba conmigo como con una gran muñeca. Por lo demás, siempre se sentía orgullosa de que la llamaran «señorita». Quería pasar por joven, enfermiza e infeliz. Y es probable que infeliz lo fuera. Creo que todos lo fuimos.

Poco después de que se fuera de casa, me metieron en una de nuestras grandes escuelas militares. Tenía diez años. Después de haber recibido tantos mimos, yo (que nunca había conocido hermanos, hermanas o compañeros de juego hasta entonces) me vi rodeado de cincuenta chicos que me recibieron todos con la misma desdeñosa hostilidad. Los suboficiales nos formaban. Lo que sufrí en esos cinco años (pues permanecí todo ese tiempo allí, a pesar de la enfermedad, a pesar de la oposición en el lugar) es una vida en sí misma: una vida larga y difícil. Aún hoy, mis padres no sospechan nada de todo aquello. No lo entenderían. Cuando salí y me quité el uniforme, supe que estaban muy lejos de mí, algo que se manifestó una y otra vez. Me inscribieron en una escuela comercial, en circunstancias que estuvieron a punto de provocar mi perdición, hasta que un hermano de mi padre (yo ya tenía entonces dieciséis años) me hizo seguir estudios escolares de forma privada. Con mucho esfuerzo, superé los ocho cursos en tres años y aprobé el examen final. Luego me cansé.

Hubo un tiempo en que odiaba a mis padres, especialmente a mi madre. Con el paso de los años me libré de este error. La veo de vez en cuando y siento más allá de toda extrañeza que es muy infeliz y está muy sola.

[...] En una de tus compasivas cartas, imaginaste a mi

madre como una mujer hermosa y distinguida, cuyas manos alcanzaban a su hijo de entre las flores; cuántas veces he anhelado a una mujer así; una madre que sea grandeza, bondad, quietud y beneficencia… Debe de haber habido mujeres así en el pasado de mi familia, pues a veces siento algo de su presencia, como la luz de una estrella lejana, como una mirada oscura que se posa sobre mí. Pero a ti te escribo como lo haría a una madre así, o a una hermana mayor que sabe más de la vida y de la gente que yo. ¡Acéptalo en tu gran, gran bondad!

[...] Pienso en ti, lleno de amor, lleno de gratitud, lleno de confianza.

RAINER MARIA RILKE

XIII

SUPLENTES: MADRES SUSTITUTAS

Si el lazo de sangre no es estrictamente necesario para ser madre, aparecen en la vida de algunas personas, y así lo recoge la historia, otras figuras diferentes de la progenitora que cumplen ese papel. Se desliga pues una galería de sustitutas de la madre, cuyo vínculo queda reflejado en estas cartas.

La suegra

MARIANNE ELISA DE LAMARTINE A SU ESPOSO, ALPHONSE DE LAMARTINE, SOBRE LA MUERTE DE LA MADRE DEL POETA, FRANÇOISE-ALIX DE LAMARTINE, SU SUEGRA

«Sabes cómo la amaba. Apenas me atrevo a reconocerlo, ¡más que a mi propia madre!».

Lunes [16 de noviembre de 1829]

Su fe era tan fuerte que ha visto la muerte con placer. Nos sonreía mientras la contemplábamos durante largo rato después de que hubiera dejado de hablar. Recibió al cura con una calma angelical, recibió los sacramentos y las indulgencias plenarias. Después, dos veces, dijo que era muy feliz. Había guardado todas sus facultades para Dios y ya no pensaba en lo terrenal. No expresó ningún reproche. Físicamente, estaba entumecida y como paralizada, lo cual le ahorró muchos sufrimientos. Tenía toda su cabeza y toda su alma para que la elevaran al cielo como un ser beatífico. No me aparté de ella ni un segundo, desde el sábado por la mañana estaba sumida en una calma engañosa para nosotros. No teníamos ninguna inquietud. Y, mientras tanto, me sorprendía verla sufrir tan poco, no lograba comprender cómo podía ser insensible a un estado que normalmente es tan doloroso ni por qué este cese del sufrimiento sobrevino de golpe. Pero nos engañó la idea de que sus primeros dolores habían sido, como nos dijo ella misma, nerviosos, y que los calmantes habían producido aquel bienestar del que nos alegrábamos. Cortambert y Dufour [médicos de Mâcon] no compartieron durante mucho tiempo nuestra seguridad. Los síntomas de una atonía universal eran evidentes para ellos y el domingo por la mañana nos comunicaron la terrible verdad. Colige de esto lo que siento por ti. No, solo Dios lo puede saber.

Siempre conservó el juicio, habló bien con el cura, sin problemas, y después recibió los sacramentos, apenas habló si no era para decir que era feliz, muy feliz. De vez en cuando, tomaba un poco de medicina o de caldo, hasta el último momento, cuando le puse el crucifijo sobre los labios a las dos de la mañana. Una respiración un poco más fuerte me dio la certidumbre que todavía quise poner en duda durante un buen rato. [...] Pero hay dolores que solo Dios puede aliviar. Sabes cómo la amaba. Apenas me atrevo a reconocerlo, ¡más que a mi propia madre! ¡Pero te amo con toda la fuerza de todos los afectos reunidos! Reza, llora, pero no enfermes, sería más de lo que puedo soportar.

Tu M.

ANTONIO DE ORLEANS
A SU SUEGRA, ISABEL II

«Pregúntale a tu hija, puesto que tantos humos tiene, qué casa está poniendo y dónde».

París
21 de marzo de 1900

Querida mamá:

Te extrañará esta carta mía, pero yo ya no tengo madre y entonces me dirijo a ti, que eres la madre de mi mujer, a la que creo no conoces suficientemente para que sepas todo lo que me ocurre.

Sabrás que hace ya bastantes años mi mujer, por causa de ella, es como si no existiese para mí. Empezó por darme el tiempo fijo para estar con ella con reloj en mano y luego fue alejándose de mí diciendo que estaba enferma de la matriz y que el médico le prohibía hacer uso del matrimonio, y por último que me quería únicamente como primo y no como marido.

Yo me conformé a ello con tal de que me dejase a mí libertad, pues comprenderás que joven como soy no puedo estar sin mujer y yo nunca lo he negado ni niego que tengo una. Pero todo eso era una comedia para estar ella libre y ver a sus numerosos amigos que ha tenido con entera libertad creyendo que yo no sabría nada, y sin embargo conozco todos sus pasos y toda su vida no porque la haga seguir, pues no lo necesita ni lo haría, sino porque yo conozco a muchísima gente en París que me lo han dicho todo y porque además lo he visto yo en persona.

Pues bien, desde su último regreso está cada día más desatinada y sé que aunque diga que no, se pasa todo el día con el conde de Jametell [*sic*]. Va a todas partes con él entrando en tiendas y cuando van los dos a jugar al *lawn tennies* [sic] se cambian de traje en el mismo cuarto, 3, Rue de Civry; luego ella se desnuda delante de él.

Pregúntale a tu hija, puesto que tantos humos tiene, qué casa está poniendo y dónde; porque fue a elegir papeles para la pared, aparatos de baños en casa de Porchet, y muebles, el lunes 19. Pregúntale de quién es el coche en el que conduce el conde de Jametell [*sic*] a tu hija por calles donde no pasa gente honrada, y eso que decía que no estaba aquí el conde. Pregúntale adónde fue a comer el jueves 15, a ver si puede ocultar el *cabinet particulier* [*sic*] en donde estuvieron los dos encerrados por dentro, estando un amigo mío y testigos que podrían justificarlo enseguida en el cuarto inmediato al suyo oyendo todo. Pregúntale qué billetes fue a tomar con el conde al *nouveau* Théatre Sérafin. Pregúntale cómo pasa el conde Jametell [*sic*] para toda la gente alrededor de mi casa por preceptor de mis hijos.

Por último, pregunta a todos mis criados, empezando por el negro, cuántas veces va por día el conde a casa y si sube al tocador o adónde, y pregúntale también a los policías y a todos los cocheros de la estación qué hay sobre el particular.

Pregúntale también cómo fue a la Gare St. Lazare [estación de París] y, no teniendo el Conde dinero bastante para pagar el coche, ella dijo que tenía dinero para pagarle cuanto quisiera.

No me preguntes a mí detalles, pues siempre que va con el conde se encuentra con íntimos amigos suyos que son los que a mí me vienen a dar todos los informes; ¡qué casualidad, verdad!

Además yo tengo toda clase de documentos y escritos que son las pruebas más convincentes y sin embargo no he hecho hasta ahora nada por evitar un escándalo por causa de mis hijos, cuando si hubiese querido con un policía la hubiese cogido enseguida.

Pero ya ayer mañana vino diciéndome que si me había quejado a la Reina Regente de su conducta cuando la tenía tan buena, y eso ya no lo puedo tolerar; yo le había contado a la Reina que me habían desafiado por causa de mi mujer y que no sabía la razón puesto que nadie me la decía clara y hoy mismo se encarga el Gil Blas de dármela en su primera parte siendo lo que yo me suponía y deshonrándome aún más.

Entonces me dijo que si es que yo quería la separación de bienes, quedándose ella con todo lo suyo y además pagándole yo casa y servidumbre y una renta. Esa no es la verdadera separación de bienes y así no la acepto yo; yo no la pido, pero puesto que ella lo ha dicho, acepto la separación completa de bienes quedándose ella con la pensión del Estado y su dote (que por cierto yo he aumentado), pero pagándose ella absolutamente todo y yo con todo lo mío y encargándome de la educación de mis hijos; si quiere la separación amistosamente, puede hacerse muy bien así, aunque siempre en papel sellado, para que quedemos completamente libres de hacer lo que nos parezca, pero si es así, ahora mismo voy a arreglarme de poner mi situación bien clara haciendo todo lo necesario para terminar enseguida.

Dile que te enseñe la carta tan larga que le enseñó al conde el viernes 16 al ir a montar a caballo y que tanto les contrario a los dos.

Me ha echado fuera de la sociedad y hasta me ha quitado el cariño de mis hijos, pues que tenga cuidado que el borrego no se queda siempre manso.

Así es que tú arregla este asunto con ella de manera que quede en la familia y no tenga yo que recurrir a extraños, pues yo no me paro ya en nada, que estoy demasiado harto de la deshonra que me cobija. Así es que consulta con ella y contéstame para que sepa cuándo puedo ir al mismo tiempo que ella ante ti para que se arregle enseguida la separación, firmándola en papel sellado, que si no enseguida obraré de otra manera ya que no quiero dejar en este mundo mis hijos deshonrados y además yo ya no hablaré con ella más que delante de ti. Conque contéstame y espero se arreglará así sin necesidad del escándalo que pueda armar.

ANTONIO D'ORLÉANS

FRANZ KAFKA A SU FUTURA SUEGRA, ANNA BAUER, QUE NUNCA LLEGÓ A SERLO

A pesar de dos noviazgos oficiales, Franz Kafka nunca llegó a casarse, aterrorizado por la posible pérdida de su tiempo libre y de su independencia para dedicarse del todo a la literatura. En un constante vaivén, Kafka se debatía entre la necesidad de salir de la casa de sus padres, un infierno, y el rechazo a las consecuencias de la vida en pareja. Cortés y atento como pocos, aun sin llegar a casarse, escribió cartas a su futura suegra que dejan destellos del ser humano tan raro, sublime y diferente que era el escritor.

«Secundario es que tú, querida madre, tengas esto y aquello que objetarme y en el futuro encuentres quizá más cosas que objetar».

Praga
Domingo, 19 de abril de 1914

Querida madre:

Ahora empiezan a ordenárseme un poco los recuerdos de los dos días y, de forma tranquila y decidida, puedo darte las gracias de todo corazón, a ti, a padre y a todos vosotros. Durante los dos días me sentí, de verdad, agasajado de manera permanente, sí, permanente, y vi en el hecho de que me deis a Felice la más grande señal de amor que podía recibir de vosotros, nunca seré lo suficientemente digno para agradecérosla.

Todo lo demás es secundario. Secundario es que tú, querida madre, tengas esto y aquello que objetarme y en el futuro encuentres quizá más cosas que objetar, sin que yo pueda cambiarlas. Nadie es perfecto para sí; cuánto menos lo será entonces para los demás. Que no sea esto, queridísima madre, lo que ocupe en primer lugar tus pensamientos, sino que entregas a Felice a una persona que sin duda no la quiere menos que tú (a su propia manera, claro está) y que, hasta donde lleguen todas sus fuerzas, intentará proporcionarle una vida feliz.

Y ahora venid pronto, que todos se alegran ya de vuestra venida. Cualquier retraso de vuestra llegada carece de motivo y me provoca sufrimiento. También es importante que vengáis pronto para buscar piso. Si Felice no se da prisa, ¡empújala un poco sin que se dé cuenta, queridísima madre!

Cordialísimos saludos y besos a ti y a todos de

TU FRANZ

HARRIET BEECHER STOWE A SU MARIDO, CALVIN STOWE

«Estoy convencida, después de considerarlo,
de que se trata de una enfermedad mórbida».

Brattleboro
20 de febrero de 1847

Mi querido esposo:

La pasada noche y hoy mismo, he estado pensando mucho en ti y por eso me he animado a escribirte de nuevo. Al reflexionar sobre todos tus excelentes rasgos, tu bondad de corazón y tu capacidad de sentir y apreciar todo lo que es tierno y generoso, la honestidad y sinceridad con la que al principio de nuestro matrimonio me hablabas de tu intención de hacerme feliz y la amabilidad con la que entonces me tratabas, cómo durante muchos de los primeros años de vida matrimonial compartiste conmigo el cuidado de nuestros pequeños indefensos y enfermos velando por ellos día y noche con incansable ternura, me he visto obligada a preguntarme cómo has podido llegar a cambiar tanto para decir y sentir cosas como las que has expresado desde entonces. Estoy convencida, después de considerarlo, de que se trata de una enfermedad mórbida. Estoy segura de cuándo y bajo qué influencia surgió y ahora veo por qué causas se ha incrementado y con qué resultados ha crecido y qué faltas en mí la han aumentado. Surgió por primera vez cuando tu madre vivió con nuestra familia. Antes de ese momento, teníamos al menos un corazón unido ante todas nuestras penas y nunca oí nada de ti que no fuera amable; excepto en momentos de exaltación en los que bien sabes el estado de ánimo de tu madre. Sin intención de mostrarme desagradable con ella, sino simplemente porque lo considero un hecho, diré que creo que en ese momento logró, sin quererlo, producir un estado de sentimientos alienados en ti. Señalaba constantemente mis defectos y mantenía ese perpetuo estado de queja e irritación que, en tu estado de nerviosismo y sufrimiento, sentó las bases de una mórbida [cercana?] y desde entonces has estado predispuesto a verme bajo una luz equivocada. Nunca hasta después [de esto] escuché algo de ti como si hubieras sido demasiado complaciente o yo demasiado exigente. Compartiste mis preocupaciones y llevaste las penas junto a mí. Y si no hubieras estado entonces en un estado mórbido y nervioso, un estado que predispone a opiniones oscuras y misántropas, nunca podría haberse alojado en tu mente la poco generosa idea de pensar que acaparo más atención de la que me corresponde. Sabes tan bien como yo que cuando ambas partes comienzan a defender sus derechos y a sospechar que la otra ejerce una egoísta extorsión, se acaba todo afecto delicado y refinado y comienza el egoísmo grosero y brutal. Cristo dijo: «Si yo os he lavado los pies como vuestro Señor y Maestro, debéis lavaros los pies los unos a los otros». ¿No es este el verdadero camino? Desde aquella época, desde que tu madre se quedó con la familia, he visto claramente dos [corrientes?] en tu mente, una de morbosa cavilación casi vengativa que miraba con ojos cavilosos y celosos mis faltas, exagerándolas y predisponiendo a la impaciencia. Tu madre insistía mucho en ciertas ideas que tú repetías a menudo en momentos de impaciencia precipitada. Eran estas que yo era extravagante en los gastos, que siempre había que esperarme mucho, que me inclinaba a contar con mucha ayuda, etc., etc.

[...]

Con todo mi amor,

H.

Para estar seguro de que tu respuesta me llegue aquí, debes escribirme de inmediato.

EDGAR ALLAN POE A SU SUEGRA, MARIA CLEMM

«Vivirás siempre con nosotros y te harás cargo de la casa».

29 de agosto de 1849

Mi querida y amada madre:

Quiera Dios que esta carta, tanto tiempo retrasada, te encuentre bien —no pido más—, pues he sido torturado, casi hasta la muerte, por sueños horribles en los que imaginaba que estabas enferma y desamparada, y yo tan lejos de ti. Oh, mi queridísima y bondadosa Muddy, nunca fui consciente de la profundidad de mi afecto por ti hasta esta larga y terrible separación. ¡Si supieras lo amarga que es mi pena por no poder enviarte dinero! Pero ya conoces el corazón de tu Eddy, querida Muddy, y sabes que te lo enviaría si pudiera conseguirlo de cualquier manera en el mundo. Aquí, sin recursos, y obligado por las circunstancias a permanecer en un hotel caro, solo Dios sabe cómo me las he ingeniado para mantenerme como lo he hecho. Nada, salvo una resuelta determinación a triunfar por tu bien, para poder verte cómoda en tu vejez, podría haberme dado valor para perseverar. Pero ahora, mi querida madre, anímate, porque con la bendición de Dios se acercan días mejores para ambos. A menos que ocurra algún accidente imprevisto, saldremos de nuestra terrible pobreza en menos de un mes. Espero enviarte un poco de dinero mucho antes de eso, pero no puedo decir cuánto. Ahora no tengo más que medio dólar en este mundo, y durante tres semanas, aquí en una ciudad extraña (porque así puedo llamarla), no he tenido ni un solo centavo, ni he podido conseguirlo. Oh, Muddy, enfermo como estaba, con el corazón destrozado, sin ropa y desesperado en todos los sentidos, solo Dios sabe cómo sobreviví. En mi profundo pesar, créeme que mi ansiedad por ti puede ser la más difícil de soportar. Y ahora déjame que te lo cuente todo sobre Elmira tan bien como pueda en una carta. Estamos solemnemente comprometidos para casarnos dentro del próximo mes (septiembre), pero no dudo de que en una semana, o diez días, todo habrá terminado. Te adjunto su última nota para que veas cómo estamos. Me enfadé con ella por querer aplazarlo hasta enero y le escribí una carta en la que mostraba mi indignación, a la que la adjunta es su respuesta. Hicimos las paces y ahora ella accede a que te escriba anunciando el matrimonio dentro de un mes. Se puso prácticamente frenética cuando le dije que no pensaba aceptarlo. Fue a buscarme a Mackenzie's y por toda la ciudad, así que todo el mundo sabe de nuestro compromiso. De hecho, se informó de que nos habíamos casado el jueves pasado. Sus parientes —en particular su hija casada— se oponen al enlace porque sus intereses económicos se verán perjudicados; aunque ella los desafía y parece decidida.

En primer lugar, queridísima Muddy, ella sabe todo sobre ti y está cordialmente de acuerdo con cuanto yo propongo. Vivirás siempre con nosotros y te harás cargo de la casa. Dice que ya te quiere como a una madre, y estoy segura de que tú la querrás a ella, porque es muy afable, dulce, hogareña y cariñosa. Está de acuerdo en vivir donde yo elija, pero preferiría el norte —al menos de momento— para librarse de sus allegados, que la acosan hasta el infinito por dinero. Su propiedad no es tan grande como me dijeron, pero basta para cubrir todas nuestras necesidades.

[...] Hace ya cuatro semanas que no pruebo ni una gota de alcohol. Físicamente, me encuentro bastante bien, y en cuanto a la mente, me sentiría mejor si no fuera por la terrible ansiedad que siento por ti. Hay otra cosa, querida madre, que me pone frenético: mi amor por Annie, la adoro más allá de todo amor humano. Mi pasión por ella se hace más fuerte cada día. No me atrevo, en esta crisis, ni a hablar ni a pensar en ella, si lo hiciera me volvería loco; pero, oh, Muddy, si alguna vez has amado a tu hijo, no dejes que mi Annie piense mal de mí. Escríbele, querida madre, si quieres que te quiera. Dile todo lo que sabes le diría si la viera. En verdad, en verdad, no hay forma de expresar o concebir la devoción que siento por ella. Nunca, nunca dejaré de amarla, ni en este mundo ni en el otro.

Segunda madre, madre adoptiva

ALEJANDRO DUMAS HIJO
A GEORGE SAND

«Yo también os quiero con todo mi corazón
y os añoro tanto como me añoráis los dos a mí».

París
22 de agosto de 1861

Bella, buena, grande y querida mamá:

Yo también os quiero con todo mi corazón y os añoro tanto como me añoráis los dos a mí. Incluso he incluido a mi compañera en nuestro juego, y gime como si fuera parte de ello, como bien dice la señora Solange. De vez en cuando, recaigo profundamente en mis tristezas, y me gustaría mucho poder enviar a Manceau todas mis mariposas negras para que me diga de qué orugas provienen. Pero, a pesar de lo que diga, todavía no es lo bastante fuerte para reconocer su familia ni lo bastante malo para disecarlas de una vez por todas.

Os mando un fuerte abrazo a los dos.

A. DUMAS, HIJO

SIMÓN BOLÍVAR A SU HERMANA, MARÍA ANTONIA, SOBRE SU MADRE ADOPTIVA, HIPÓLITA BOLÍVAR

«Su leche ha alimentado mi vida».

10 de julio de 1825

Te mando una carta para mi madre Hipólita, para que le des todo lo que ella quiere, para que hagas por ella como si fuera tu madre. Su leche ha alimentado mi vida y no he conocido otra madre y padre que ella.

[Simón]

LEV TOLSTÓI A SU MADRE
ADOPTIVA, T. A. ERGOLSKAIA

«Sus cartas son un bien inmenso, me convierto en otro,
en alguien mejor después de haber recibido una de ellas».

Simferópol
6 de enero de 1855

¡Querida y excelente tía!

Sé que en el fondo de su corazón no puede dudar del amor que le tengo y que a pesar de todas las circunstancias no dejaré de tener por usted, sé que es únicamente la tristeza la que le hace decir palabras tan crueles, como si dudara de mi amor que, en lugar de disminuir, aumenta cada día cuanto más separado estoy de usted y mayor me hago. Su carta del 23 de octubre, que recibí el 3 de enero, me ha causado mucha pena. Durante el verano pasado, le escribí más de cinco cartas y, por lo que veo, la mitad no le llegaron. En nombre del cielo, querida tía, no piense que mi silencio se debe a la indiferencia: sabe mejor que nadie que soy incapaz de ella, sabe que el afecto más grande que alberga mi corazón es y siempre será el que tengo por usted. Por lo tanto, no me hiera diciendo que duda de él, que sus cartas probablemente ya no me complacen. Se lo he dicho y lo repito desde el fondo de mi corazón (la venero demasiado para echar a perder el sentimiento que usted me inspira con una mentira) que sus cartas no me complacen, sino que me hacen un bien inmenso, que me convierto en otro, en alguien mejor después de haber recibido una de ellas, que las releo ochenta veces, que me siento tan feliz al recibirlas que no sé dónde meterme, que me gustaría leérselas a todo el mundo, y que si me he dejado llevar por alguna cosa perjudicial, cambio de rumbo y hago planes nuevos para ser mejor. En nombre del cielo, querida tía, de una vez por todas, piense que mi silencio se debe a la incompetencia del correo (que en esta época es extrema) o a algunas razones con las que no quiero inquietarla en vano, y deje de castigarme con su silencio.

No he participado en las dos sangrientas y desdichadas batallas que han tenido lugar en Crimea; pero he estado en Sebastopol, justo después de la batalla del 24, y he pasado allí un mes. Ya no nos batimos en campo abierto debido al invierno, que es extremadamente riguroso, sobre todo ahora, pero el sitio no ha cesado todavía. Solo Dios sabe cuál será el resultado de esta contienda; pero, en todo caso, la campaña de Crimea acabará dentro de tres o cuatro meses de una manera u otra. Sin embargo, por desgracia, el fin de la campaña no significa el fin de la guerra; al contrario, parece que durará mucho tiempo. En mis cartas, les hablé a Serge y Valérien, creo, de un proyecto que tenía en vista, con buenas perspectivas. Ahora que está decidido, puedo decírselo. He tenido la idea de fundar un periódico militar. Este proyecto, en el que he trabajado con la ayuda de muchas personas muy distinguidas, fue aprobado por el príncipe y enviado a Su Majestad, para que decidiera; pero, como en casa, aquí se conspira contra todo. Había algunos que temían la competencia de este periódico, y también es posible que la idea de una publicación de este estilo no estuviera en los planes del gobierno. El emperador se ha negado.

Esta derrota, lo reconozco, me ha provocado una pena

infinita y ha cambiado en gran medida mis planes. Si Dios quiere que la campaña de Crimea acabe pronto, y si yo recibido un cargo que me satisfaga, y si la guerra en Rusia llega a su fin, dejaré el ejército para ir a la academia militar de San Petersburgo. Se me ha ocurrido este plan 1) porque no quiero abandonar la literatura, de la que me resulta imposible ocuparme en esta vida campestre y 2) porque me parece que empiezo a convertirme en un hombre ambicioso (o en realidad no, pero me gustaría hacer el bien y, para ello, es necesario ser algo más que un subteniente), y 3) porque os veré a todos vosotros y a todos mis amigos. Nicolás me ha escrito que Turguénev ha conocido a Marie, y es algo que me agrada mucho. Si lo ve en casa de ellos, dígale a Varinka que le encargo un beso de mi parte y que le diga que, aunque solo lo conozco por sus escritos, tengo un montón de cosas que decirle.

Adiós, querida tía. Como siempre en año nuevo (la felicito de todo corazón), hago muchísimos planes, y, entre ellos, el de verla a usted dentro de cinco o seis meses es el que más me apetece. No sé qué ocurrirá este año, pero lo he empezado con auspicios felices, me siento en excelente estado de salud, estoy de buen humor, he recibido cartas de usted y de mis hermanos... Usted sabe que soy un poco supersticioso y confío, casi espero en cualquier momento que me ocurra algo bueno. Pero como la felicidad no puede llegar sin usted, espero verla muy pronto.

La nodriza

ROBERT LOUIS STEVENSON A SU NODRIZA, ALISON CUNNINGHAM

«Piensa esto: tú has significado mucho en mi vida».

1871 [?]

Mi querida Cummy:

Me ha alegrado mucho tu carta, y por varios motivos. Por supuesto, me complació tener noticias tuyas; ya sabes, tú y yo compartimos tantas viejas historias que aunque no hubiera nada más, aunque no hubiera un sincero afecto y respeto, siempre nos agradaría intercambiar un saludo. Digo «aunque no hubiera», pero sabes tan bien como yo que sí lo hay. No supongas que olvidaré nunca aquellas largas y amargas noches en las que yo tosía y tosía y era tan infeliz, y tú te mostrabas tan paciente y cariñosa con un pobre niño enfermo. De hecho, Cummy, desearía llegar a ser un hombre del que mereciera la pena hablar, aunque solo fuera para que no hubieras desperdiciado tantas molestias.

Por suerte, no es el resultado de nuestros actos lo que los hace valientes y nobles, sino los actos mismos y el amor desinteresado que nos movió a hacerlos. «En verdad os digo que cuanto hicisteis a uno de estos hermanos míos más pequeños, a mí me lo hicisteis».* Mi querida y vieja nodri-

* Mateo 25, 40 (*N. de la T.*).

za, y ya sabes que no hay nada que un hombre pueda decir más cerca de su corazón, aparte de su madre o su esposa; mi querida y vieja nodriza, Dios te compensará todo el bien que has hecho, y con su misericordia te perdonará todo el mal. Y la próxima vez, cuando llegue la primavera y todo vuelva a empezar, si se te ocurre pensar que podrías haber tenido un hijo propio, y que fue duro pasar tantos años al cuidado del pródigo de otra persona, piensa esto: tú has significado mucho en mi vida; tú has hecho mucho de lo que hay en mí, tan cierto como si me hubieras concebido; y hay hijos que son más ingratos con sus propias madres que yo contigo. Pues yo no soy desagradecido, mi querida Cummy, y es con sincera emoción que te escribo como tu pequeño

LOUIS

XIV

MAMITIS, FALTA DE MADRE

Algunas cartas a la madre son un grito de dolor,
la expresión de una falta inconsolable. Estremecedoras,
reflejan la sed superior y la necesidad absoluta de la madre.

MARCEL PROUST A SU MADRE, JEANNE WEIL PROUST

«Pero piensa que vivo a tu lado con los ojos cerrados».

Jueves, 11 de agosto de 1904

Mi querida mamá:

Nunca podré expresarte hasta qué punto te echo de menos aquí. El mar que tanto amas, colores que te encantarían, un aire que no tiene nada que ver con el del comedor, una temperatura que hace que te arrebujes bajo el mantón (pero no en las estancias, a cuyo lado el comedor es una cámara frigorífica. Por la mañana, estoy obligado a dejar entreabierta la ventanilla, lo cual me asfixia debido a la humedad, pero no se puede abrir a voluntad y por la noche hay que decidir si abrirla o no). Después de haberte visto sufriendo el calor, siempre escapando de él, o si te quedas, durmiendo a pierna suelta, me gustaría verte aquí contemplando todo esto y respirando. Explícale bien a Robert tu cansancio del otro día y todos los detalles de tu salud. Yo no le hablo de ello porque no quiero hacer alguna intervención que te incomode si la conocieras (aunque no te enterarás de ella). Pero piensa que vivo a tu lado con los ojos cerrados, que puedes tener dolores, cólicos nefríticos, que puedes haber sufrido tu enfermedad de este invierno, sin que yo supiera nada. Por lo tanto, al menos dame la tranquilidad de hablarlo en detalle con Robert. La felicidad y la tristeza han madurado su naturaleza como un fruto que se vuelve dulce después de haber sido más bien ácido. De manera que su inteligencia y su gentileza te aconsejarán a la vez. Me apena muchísimo la muerte de Waldeck Rousseau, y todavía más porque sé que debes de estar triste. Y, además, verdaderamente, siento que estos últimos meses deben de haber sido tan silenciosamente crueles, tan amargos, todavía más decepcionantes y desencantados de la vida finita como ansiosos de la muerte. Quizá habría preferido un poco menos de esplendor en la conversión.

«Los sentimientos cristianos, hermano, ¡así son!».

Pero es muy útil mostrar a la humanidad que la religión y la política no tienen nada que ver y que se puede ser severo con el clero y piadoso a la vez. Únicamente, creo que él no lo fue.

Mil besos tiernos, que pronto serán efectivos,

MARCEL

Después de escribirte me he recalentado, ya no tengo asma. Como en una ópera, te has colgado de mí mientras escribía y la dulzura de nuestra conversación ha borrado los últimos vestigios de la opresión. Creo que partiré mañana por la mañana. Pero habrá que salir pronto. Sin embargo, al desayunar poco, hará falta cenar algo y esto me impedirá acostarme a la hora adecuada. ¡Complicado!

Mil besos tiernos,

MARCEL

MARCEL PROUST A SU MADRE, JEANNE WEIL PROUST, UN MES DESPUÉS DE FALLECER SU PADRE, ADRIEN PROUST

Tras la muerte de su padre, Proust entra en una crisis y necesita más que nunca la presencia y el amor de su madre, muy ausente. Este estado encubre en realidad el duelo por una figura fundamental en su existencia: la de su padre, quien siempre aceptó y defendió su orientación homosexual y su ambición como escritor.

«Sentir que nuestro descanso y despertar ocurran en un mismo lugar tendría, tendrá para mí un encanto enorme».

Diciembre de 1903

Mi querida mamá:

Te escribo esta breve carta, cuando me es imposible dormir, para decirte que pienso en ti. Me encantaría, y lo deseo con gran intensidad, poder levantarme a la misma hora que tú y tomar un café con leche a tu lado. Sentir que nuestro descanso y despertar ocurren en un mismo lugar tendría, tendrá para mí un encanto enorme. Por la noche, deseo seguir tus costumbres, y sentirme más cerca de ti materialmente por vivir durante las mismas horas, en las mismas estancias, a la misma temperatura, según los mismos principios, con una aprobación recíproca, puesto que ahora, por desgracia, esta satisfacción nos está prohibida.

Mil besos tiernos,

MARCEL

GUY DE MAUPASSANT A SU MADRE, LAURE LE POITTEVIN

«Me da más frío la soledad de la vida que la soledad de la casa».

Étretat
Martes, enero de 1881[?]

Mi querida madre:

Te escribo desde la mesa de nuestro pequeño salón. Los dos perros, bastante flacos pero alegres y con buena salud, se encuentran tumbados a mis pies. Matho me incordia continuamente frotándose contra mi pierna. Daphné está curada por completo.

En cuanto a mí, no paro de sonarme y estornudar por culpa de un terrible catarro nasal, puesto que he viajado toda la fría noche a cinco grados, y no puedo calentarme en nuestra casa helada. El viento helado se cuela bajo las puertas, la luz de la lámpara tiembla, y el fuego vivo me ilumina, me achicharra el cuerpo, pero no calienta la estancia. Todos los objetos antiguos están a mi alrededor, lúgubres, lastimosos, no llega ningún sonido del pueblo muerto debido al invierno. No se oye el mar. Me da más frío la soledad de la vida que la soledad de la casa.

Siento este inmenso extravío de todos los seres, el peso del vacío. Y, en medio de esta desbandada de todo, mi cerebro permanece lúcido, exacto, cegándome con la Nada eterna. Esta frase podría ser de Hugo: pero me haría falta mucho tiempo para plasmar una idea clara con un lenguaje preciso. Lo cual me demuestra una vez más que el énfasis romántico se basa en la ausencia de trabajo.

Sea como fuere, hace mucho frío y es lamentable.

. . . .

Acabo ya con esta carta, pues el correo sale a las seis y la tierra está cubierta de nieve. Esperemos que no me haya quedado bloqueado aquí.

Adiós, mi querida madre, te mando un abrazo tierno y largo, de todo corazón.

Tu hijo,

GUY DE MAUPASSANT

Ya casi he acabado mi cuento sobre las mujeres de burdel en la primera comunión. Creo que es comparable, al menos, a *Bola de sebo*, si no superior.

GEORGE SAND A SU MADRE, SOPHIE VICTOIRE DUPIN

«Querida madre, te espero, te echo de menos
y me muero de impaciencia por verte».

Nohant

24 de febrero de 1815

Ah, sí, querida madre, te espero, te echo de menos y me muero de impaciencia por verte. ¡Dios, mío! ¡Cómo te preocupas por mí! Puedes estar tranquila, querida mamá, me encuentro de maravilla, aprovecho el buen tiempo, paseo, corro, voy y vengo, me divierto, como bien, duermo mejor y, sobre todo, pienso en ti.

AURORE

FERNANDO PESSOA
A JOÃO GASPAR SIMÕES

«Siempre comprobé que a quienes carecieron
de madre les falla la ternura».

Lisboa
11 de diciembre de 1931

Mi querido Gaspar Simões:

[...]

Concretizo. Toda la obra de Sá Carneiro está atravesada
por una íntima deshumanidad, o, mejor, inhumanidad; no
tiene calor humano, ni ternura humana, excepto la intro-
vertida. ¿Sabe por qué? Porque perdió a su madre cuando
tenía dos años y nunca conoció el amor materno. Siempre
comprobé que a quienes carecieron de madre les falla la
ternura, ya sean artistas o bien hombres simples; ya sea
porque les faltase la madre por muerte, por frialdad o por
distanciamiento. Hay una diferencia: a quienes les faltó
la madre por muerte (a no ser que sean de carácter seco,
como no lo era Sá Carneiro) dirigen hacia sí mismos la
propia ternura, en una sustitución de la madre desconocida por sí mismos; a quienes les faltó la madre por frialdad
pierden la ternura que pudieran tener y (salvo que sean genios de la ternura) acaban siendo unos cínicos implacables,
hijos monstruosos del amor natal que se les negó.

Concretizo más, ahora conmigo. Nunca eché de menos
la infancia; la verdad es que nunca he echado nada de me-

nos. Soy, por naturaleza, y en el sentido estricto de la palabra, futurista. No sé tener pesimismo ni mirar atrás. Que yo sepa o sea consciente, solo la falta de dinero (en este momento) o una tormenta de truenos (mientras dure) son capaces de deprimirme. Del pasado, solo siento nostalgia de personas que ya no están, a las que quise; pero no es añoranza del tiempo en que las quise, sino nostalgia de ellas: me gustaría que estuvieran vivas hoy, y con la edad que tendrían hoy, si hasta hoy hubieran vivido. El resto no es más que una actitud literaria, experimentada intensamente por instinto dramático, ya se atribuya a Alvaro de Campos, o a Fernando Pessoa.

FERNANDO PESSOA

GUSTAVE FLAUBERT A SU MADRE, CAROLINE FLAUBERT

«Si supieras, querida vieja, cuántas veces cada día, al ver cosas hermosas, te echo de menos y me imagino tu rostro con los anteojos, admirado, junto a mí».

El Cairo
14 de diciembre de 1849

Pobre querida vieja…

Si supieras, querida vieja, cuántas veces cada día, al ver cosas hermosas, te echo de menos y me imagino tu rostro con los anteojos, admirado, junto a mí. Sea como sea, asimilo todo lo que veo para contártelo después. ¡Cuánto hablaremos cuando vuelva, pobre querida vieja! ¡Vamos, vamos, sé valiente! Todo este tiempo, que ahora crees tan largo, en unos meses te parecerá que ha pasado volando. Entonces solo te acordarás de la uniformidad de tu inquietud, sin todas las intermitencias que ahora pueden medir su extensión. Al decirte intermitencias, sin duda me equivoco, pues estoy seguro de que no te tranquilizas y que, de la mañana a la noche (y, sobre todo, de la noche a la mañana), te devanas los sesos imaginándote un montón de peligros que solo existen en tu cerebro. La carta de hoy, por ejemplo, me parece más triste que las otras. ¡Cómo te vas a aburrir en Ruán! ¡Cuánto verás arder el fuego y caer la lluvia por las ventanas! Invita a Bouilhet, podréis hablar de mí juntos. Sabes que padece una timidez ridícula y, si no te ha escrito (lo cual no me sorprendería en absoluto), o si no viene a verte de inmediato, sabiendo que estás de vuelta en Ruán, es más por torpeza que por otra cosa.

Mi carta te llegará después de Año Nuevo. Por entonces, estaremos haciendo los preparativos para el viaje por el Nilo. Tendremos una hermosa *dahabiya* con diez marineros a nuestro servicio (a cada uno le pagamos quince francos por mes), y llevaremos cartas de recomendación para todos los gobernadores. No será una sorpresa que Solimán bajá el Francés nos acompañe durante una parte del viaje (lo cual nos incomodará un poco, por otro lado). Tendremos en el barco un montón de toneles, muchos fezes, chibuquís y darbukas (tambores), etc. Sí, nuestro aspecto es curioso. El sol por fin se ha decidido a tostarme la piel: estoy bronceado (lo cual me gusta), pero he engordado (lo cual me disgusta). Me crece la barba como una sabana americana. Duermo doce horas seguidas sin despertarme… En fin, tengo pinta de un viejo bribón. Tengo buen aspecto y estoy satisfecho. En cuanto a la vanidad, tranquila, pobre vieja: todavía no estoy ebrio de incienso y creo que al volver no fingiré que no te reconozco. […]

Tu hijo, quien te quiere,

GVE. FLAUBERT

CHARLES BAUDELAIRE A SU MADRE,
CAROLINE BAUDELAIRE

«Estoy saturado con humillaciones de todo
tipo, estaría bien por lo menos que no las
recibiera también de su parte».

París
Jueves, 20 de diciembre de 1855

Mi querida madre:

Ante todo, quiero verla. Ya hace más de un año que me
rehúsa hacerlo, y verdaderamente creo que su legítimo en-
fado debería estar satisfecho. Hay en mi situación respecto a
usted algo absolutamente humillante para mí, que realmente usted no puede mantener. Si este ruego no la satisface, al
menos muestre un poco de generosidad. No soy positivamente viejo, pero pronto podría serlo. Me parece imposible que usted pueda consentir esta situación. Estoy saturado con humillaciones de todo tipo, estaría bien por lo menos
que no las recibiera también de su parte. […] He reencon-
trado un montón de cartas suyas, de diferentes épocas, escritas en circunstancias diferentes. He intentado releer varias; todas estaban impregnadas de un profundo interés
puramente material, es verdad, como si las deudas lo fueran todo, como si los gozos y las alegrías espirituales no
fueran nada. […] Estoy absolutamente harto de la vida de
restaurantes baratos y habitaciones amuebladas; es algo
que me mata y me emponzoña. No sé cómo lo he resistido.

Estoy harto de los resfriados y de las migrañas y de las fiebres, y, sobre todo, de la necesidad de salir dos veces al día, y de la nieve, y el barro, y la lluvia. […] Ante todo, no quiero perder más tiempo. Esta es mi pena; porque existe un estado todavía más grave que el de los dolores físicos: es el miedo a ver cómo se deteriora, cómo declina y desaparece, en esta horrible existencia llena de conmociones, la admirable facultad poética, la nitidez de las ideas y el poder de la esperanza que constituyen en realidad mi capital […]. Y creo que mi persona es bastante preciosa, no diré que es más preciosa que otras, pero lo bastante preciosa para mí… Acabo de dejar escrito todo lo que he recibido de usted, de Anceller, de Pays, de la librería Lévy, este año; es una suma enorme, y sin embargo he vivido como una bestia salvaje, como un perro abandonado…

CHARLES

FRIEDRICH HÖLDERLIN A SU MADRE, JOHANNA CHRISTIANA GOCK

«¡Oh, madre! Me pregunta si la amo...
¿Acaso no puede leer mi corazón?».

Jena
22 de febrero de 1795

Querida madre:

Le agradezco desde lo más profundo de mi corazón su bondad rara e inalterable. Su última carta me ha procurado uno de los momentos más bellos de mi vida. Su corazón, que para toda la eternidad será para mí un modelo, se revela tan bien en cada línea que mi mejor recompensa será un día poderle prodigar los frutos de tantas atenciones. […]

¡Oh, madre! Me pregunta si la amo… ¿Acaso no puede leer mi corazón? Estoy seguro de que este profundo afecto que siento por usted durará mientras yo ame el bien. A menudo, por las noches, cuando descanso del trabajo, me digo: ¡si ahora estuviera entre los míos! ¡Qué bello sería! Me pregunta qué distancia separa Núremberg de Jena, y Jena de Walterhausen y de Weimar. Desde Núremberg bien puede haber sesenta horas hasta Jena, de Walterhausen, treinta, y para llegar a Weimar se necesitan cuatro horas. La próxima semana, si nada me lo impide, iré hasta allí a pie. Hasta el momento, el tiempo no lo ha impedido. Hace mucho que no me encuentro tan bien como ahora, gracias a Dios. Durante los días de frío intenso, siempre me he abrigado mucho para no quemar demasiados troncos. Aquí son bastante caros, y sobre todo provienen de los abetos. Por ahora tenemos unos días hermosos. El dinero todavía me bastará hasta después de Pascuas. Si hasta entonces no recibiera más dinero del librero, le ruego, querida madre, que me envíe de siete a diez carlinos, si no le supone mucho problema.

Bueno, ya he charloteado suficiente. ¡Adiós! ¡Consérveme siempre en su recuerdo, querida madre!

Eternamente, su hijo agradecido,

Hölderlin

VICENTE HUIDOBRO A SU MADRE, MARÍA LUISA FERNÁNDEZ

«¿Qué importancia puede tener un hombre hoy que por primera vez en la historia se plantea sobre el tapete del mundo el problema del hombre?».

París, 41 Rue Victor Massé
27 de noviembre de 1930

Mamacita mía adorada:

Mucho me extraña que no haya recibido carta mía pues le he mandado por lo menos cuatro en el espacio de un mes y en una le hablo largo sobre su novela. Reclame esas cartas. Ahora que Blanca Saldías es amiga del director del correo reclámelas y si no se las dan cobre los veinte pesos de multa pues todas iban certificadas y yo poseo los recibos. Seguramente que en esos días de revueltas allá, leían todas las cartas que llegaban del extranjero, pero esa censura de salvajes debe ser tan imbécil que ni siquiera cierran las cartas después de leerlas como lo hacen en Europa y las dejan seguir a sus destinatarios. Allá deben botarlas. Son tan bestias y ni siquiera saben imitar al europeo, a pesar de que tanto les interesa. Los fetiches negros no han sido vendidos todos, ya lo sé, y usted puede haber visto algunos en casa de Manuelita, pero los mejores fueron vendidos y está usted equivocada. Conozco perfectamente el carácter de todos ustedes, conozco el de Manuelita y conozco el suyo. Es usted quien parece ignorar el de los demás. No dudo que usted trate de adivinarles el pensamiento a todos los suyos y adivinar lo que pueda faltarle a cada cual, de lo que dudo es de que se los adivine o aquellos se dejen adivinar. Así puede creerme que no me da ningún placer lo que me cuenta de Cacó que se pasa pidiendo trajes y sombreros con todo desenfado. Me da una profunda pena y solo la ingenuidad propia de sus años le hace perdonable semejante cosa. Yo recibo dinero de ustedes y el recibirlo me duele lo que usted no se imagina, a pesar de que sé que ustedes a su vez lo recibieron de sus padres y que todo el mundo más o menos está en el mismo caso, sin embargo no puedo impedirme un sentimiento de humillación. Veo con delicia acercarse el movimiento de la igualdad en el mundo. Lo único que me perturba es pensar en lo que sufrirán ustedes y lo que pudiera pasarles en los años de lucha y de trastorno que se nos vienen ya encima. Para qué quiere que le hable de mí y de mi salud. Eso no tiene importancia.

¿Qué importancia puede tener un hombre hoy que por primera vez en la historia se plantea sobre el tapete del mundo el problema del hombre? ¿Es que están ciegos ustedes allá en América o están sordos? ¡Qué le importa mi salud al mundo cuando se trata de la salud de todos los hombres! ¿No sienten ustedes la espantosa borrasca que se prepara? Tal vez es mejor así. No sienten nada, duermen en paz, por lo menos el tiempo que aún puedan dormir.

Preguntarme si existen para mí es algo absurdo. Se ve que no ha recibido mis cartas. Tanto viven para mí, tanto existen, que solo pienso en el modo de salvarlos y porque sé las cosas que ustedes no saben es que trato de esconderlos en un rincón del mundo en donde puedan esperar que pase el Diluvio. ¿Comprende ahora? ¿Comprende por qué les hablo en tres o cuatro cartas de Angola? Ofelia, el mundo se pone negro, Ofelia vete a un convento. Mamá, váyanse todos a Angola o a una isla perdida en el Pacífico. Pronto, pronto, mañana será tarde.

Me habla de la frialdad de Manuelita y dice que nunca ha comprendido esa actitud de quien usted quiere como hija. Es usted poco psicóloga, mamita. Cuando se escriben novelas del género que a usted le gustan, hay que tener la psicología en la piel, y si no hay que estudiarla día y noche. Manuelita tiene la idea subconsciente clavada en la cabeza de que usted es la causa de todo lo que a ella le ha pasado por el hecho de habernos sacado de Europa, de habernos venido a buscar y haber desviado nuestro camino. Esto es claro como el agua. Poco antes de partir, Manuelita dijo una vez a Thompson y a Anita Pena: «No comprendo con qué objeto María Luisa viene a cortarle la carrera a Vicente. De esto verán ustedes lo que resultará. Vicente no tiene nada que hacer en Chile y no nació para Chile». En otra ocasión se le escapó en Santiago esta frase y yo se la oí: «Aquí todos se dicen muy creyentes en Dios y no hacen otra cosa que cambiar las rutas que Dios señala». Bastan esas dos frases para revelar a cualquiera todo un estado de alma. Ella piensa que si usted no me hubiera sacado de París no habría pasado nada en nuestro hogar, que todo seguiría su ruta normal y que yo sería un gran personaje de las letras, más conocido y más célebre en el mundo entero. (Lo que a mí no me interesa.) Esto es lo que hay en el fondo de su alma que la acusa a usted de egoísmo.

Yo creo que se equivoca, creo que yo debí ir a América, que debí meterme en política, que debí hacer todo lo que hice y que esto ha sido un gran bien para mí y así debía ser fatalmente. Lo único que me duele es la educación de mis hijos allá y no en Europa. ¿Por qué? Porque yo mismo no puedo tener ningún respeto y ninguna esperanza por gente educada en la araucanía, así sean mis hijos. Forzosamente tendré que sentirlos inferiores, aunque no quiera, tendré que hablar con ellos como se habla con gente de otra raza, por mitades, como ellos hablarían con el hijo de la llavera que se educó en el liceo de Chimbarongo. Esto es forzoso y no esa culpa ni mía ni de ellos. Y lo que es peor, ya no tiene remedio, ni es tiempo de cambiarlo. Pero yo tendré otros hijos y esos se educarán aquí, pase lo que pase, se educarán aquí. Un padre debe tener cierto respeto por sus hijos, esto es esencial para el cariño. ¿Cómo yo voy a tener respeto por hijos míos educados en Chile? Usted comprenderá que esto es imposible. Podré quererlos, claro está, maternalmente como un león quiere a sus cachorros, pero con un pero, eternamente con el pero de no concederles ninguna beligerancia espiritual, de sentirlos en un plano inferior. Tendrían que ser enormes genios, y esos no se dan todos los días, para cambiar su situación.

Abrazos a todos y muchos cariñosos recuerdos. Besos a mis hijitos y, para usted, el alma de su hijo,

VICENTE

MAURICE RAVEL A SU MADRE, MARIE DELOUART

«Dame noticias, cuéntame qué haces, qué visitas recibes».

Bar-le-Duc
Domingo, 16 de marzo de 1926

Querida mamá:

¡Todavía no he recibido ninguna carta tuya! Ya han pasado dieciocho días desde que partí de París y, en todo este tiempo, solo los amigos me han mandado sus noticias.

Todos, incluso aquellos a los que no escribí.

Pero ya sabes que no tienes que hacer literatura. Dame noticias, cuéntame qué haces, qué visitas recibes, en qué se convierte Édouard. No es complicado; tienes todo el tiempo para hacerlo, y dejaré de encontrarme en esta situación lamentable, sin familia… Con una madrina, no obstante, puesto que la señora Dreyfuss me ha adoptado como ahijado.

Un beso,

MAURICE

CHARLES BAUDELAIRE A SU MADRE, CAROLINE BAUDELAIRE

«Te lo suplico, ven, ven. Estoy al límite de mis fuerzas nerviosas, al límite del valor, al límite de la esperanza».

París
6 de mayo de 1861

Mi querida madre, si de verdad posees instinto maternal y si todavía no estás harta, ven a París, ven a verme, ven a buscarme. Yo, por mil razones terribles, no puedo ir a Honfleur a buscar lo que tanto quiero, un poco de valor y de caricias. A finales de marzo, te escribí: «¿No nos volveremos a ver nunca?». Sufría una de esas crisis en las que uno ve la terrible verdad. No sé qué no daría por pasar unos días junto a ti, tú, el único ser a quien privan de mi vida, ocho días, tres días, unas horas.

No lees con suficiente atención mis cartas, crees que miento, o al menos que exagero cuando te hablo de mi desesperación, de mi salud, de mi horror de la vida. Te digo que me gustaría verte y que no puedo ir a Honfleur. Tus cartas contienen numerosos errores e ideas falsas que una conversación podría rectificar y que volúmenes enteros de escritura no bastarían para enmendar.

Todas las veces que tomo la pluma para exponerte mi situación, tengo miedo; tengo miedo de matarte, de destruir tu cuerpo débil. Y yo, estoy sin cesar, sin que tú llegues a imaginártelo, al borde del suicidio. Creo que tú me amas con pasión; con un espíritu ciego, ¡tienes el carácter tan grande!

Yo te amé con pasión durante mi infancia; más tarde, bajo la presión de tus injusticias, te falté al respeto, como si una injusticia materna pudiera autorizar una falta de respeto filial. Me he arrepentido a menudo, aunque, como es mi costumbre, no he dicho nada. Ya no soy aquel niño ingrato y violento. Largas meditaciones sobre mi destino y sobre tu carácter me han ayudado a comprender todas mis faltas y toda tu generosidad. Pero, en suma, el mal está hecho, hecho por tus imprudencias y por mis faltas. Evidentemente, estamos destinados a amarnos, a vivir el uno por el otro, a acabar nuestra vida de la forma más honesta y agradable posible. Y, sin embargo, en las circunstancias terribles en las que me encuentro, estoy convencido de que uno de los dos matará al otro, y que al final nos mataremos recíprocamente. Después de mi muerte, tú dejarás de vivir, está claro. Soy lo único que te hace vivir. Después de tu muerte, sobre todo si murieras por algún disgusto que te causara yo, yo me mataría, no cabe ninguna duda. Tu muerte, de la que hablas a menudo con resignación, no mejorará en nada mi situación. Se mantendrá el Consejo judicial (¿por qué no iba a ser así?), no pagarán nada y para colmo yo tendré dolores, *la horrible sensación de un aislamiento absoluto.* Yo, matarme, es absurdo, ¿verdad? «Entonces dejarás a tu vieja madre completamente sola», dirás. ¡Pues sí! Aunque estrictamente no tenga el derecho, creo que la cantidad de dolores que he soportado desde hace *casi treinta años* lo justificaría. «¡Por Dios!», dirás. Deseo con todo mi corazón (con una sinceridad que nadie excepto yo puede saber) creer que un ser exterior e invisible se interesa por mi destino, pero ¿cómo hacer para creerlo?

[…]

Para volver al suicidio, una idea que no es fija, sino que surge en épocas periódicas, hay algo que debe tranquilizarte. No podría matarme sin haber puesto mis asuntos en orden. Todos mis papeles están en Honfleur, totalmente desordenados. Por lo tanto, habría mucho trabajo que hacer en Honfleur. Y, una vez allí, no podría desprenderme de ti. Porque ya supondrás que yo no querría marcar tu casa con una acción detestable. Por otro lado, te volverías loca. ¿Por qué el suicidio? ¿Por culpa de las deudas? Sí, y sin embargo se pueden controlar las deudas. Es sobre todo a causa de un cansancio descomunal que es el resultado de una situación imposible *demasiado prolongada*. Cada minuto me demuestra que ya no tengo el gusto por la vida. Durante mi juventud, cometiste una gran imprudencia.* Tu imprudencia y *mis antiguas faltas* pesan sobre mí, y me envuelven. Mi situación es atroz. Hay algunos que me saludan, algunos me hacen la corte, algunos quizá me envidian. Mi situación literaria es más que buena. Puedo hacer lo que quiera. Lo imprimirán todo. Como tengo un espíritu impopular, ganaré poco dinero, pero dejaré una gran reputación, lo sé… Siempre y cuando tenga el valor de vivir. Pero mi salud espiritual se encuentra en un estado lamentable, quizá perdida ya. Todavía tengo proyectos: *Mi corazón al desnudo*, algunas novelas, dos dramas, uno de los cuales es para el Théatre-Français… ¿Llegaré a acabar todo esto? *No lo creo*. Mi situación respecto a la honorabilidad es espantosa, esto es lo peor de todo. Nunca tengo descanso. Insultos, ultrajes, vejaciones que no podrías imaginarte, y que corrompen la imaginación, la paralizan. Gano un poco de dinero, es verdad; si no tuviera deudas y si no tuviera fortuna, SERÍA RICO, medita bien estas palabras, podría darte dinero, podría ejercer mi caridad con Jeanne sin peligro alguno. Hablaremos de ella enseguida. Eres tú quien ha provocado

* La fechación del consejo legal, en 1844.

estas explicaciones. Todo este dinero lo engulle una existencia disipada y nociva (porque vivo muy mal) y el pago o más bien la amortización insuficiente de viejas deudas, el pago por los servicios de los ujieres, en papel timbrado, etc.

[...]

En mi infancia hubo una época de amor apasionado por ti; escucha y lee sin miedo. Nunca te he contado tanto. Me acuerdo de un paseo en coche de plaza; salías de un sanatorio donde te habían internado, y me enseñaste, para demostrarme que habías pensado en tu hijo, dibujos con pluma que habías hecho para mí. ¿Te parece que tengo una memoria terrible? Más tarde, la plaza de Saint-André-des-Arcs y Neuilly. ¡Largos paseos, ternuras perpetuas! Recuerdo los muelles, que eran tan tristes al atardecer. ¡Ah! Aquella fue para mí la época dorada de la ternura materna. Me disculpo por llamar época dorada a un tiempo que para ti fue sin duda malo. Pero yo estaba vivo en ti; tú estabas solo para mí. Eras a la vez un ídolo y un camarada. Es posible que te sorprenda que pueda hablar con pasión de un tiempo tan lejano. A mí mismo me sorprende. Quizá se deba a que he concebido, una vez más, el deseo de la muerte, el hecho de que las cosas antiguas tengan un color tan vivo en mi espíritu.

Después, ya sabes qué educación tan atroz me quiso dar tu marido; tengo cuarenta años y no puedo pensar en los colegios sin dolor, tampoco en el temor que me inspiraba mi padrastro. No obstante, lo amé, y por otro lado hoy tengo suficiente sensatez para hacerle justicia. Pero, en fin, fue decididamente torpe. No me quiero detener en esto porque ya veo que brotan lágrimas de tus ojos.

Al final me salvé, y desde entonces me he sentido totalmente abandonado. Me quedé prendado únicamente del placer, de una excitación perpetua: los viajes, los muebles hermosos, las pinturas, las chicas, etc. Hoy la pena me apabulla con demasiada crueldad. Respecto al consejo legal, no tengo nada que decir: ahora sé cuál es el inmenso valor del dinero, y comprendo la importancia de todas las cosas que están relacionadas con él; entiendo que pudieras creer que fuiste hábil, que lo hacías por mi bien; pero, sin embargo, ha habido una cuestión que me ha obsesionado siempre: cómo es posible que esta idea no esté presente en tu espíritu: «Es posible que mi hijo nunca haya tenido, en el mismo grado que yo, la capacidad de gestionarse; pero también sería posible que se convirtiera en un hombre notable en otros aspectos. En este caso, ¿qué debería hacer? ¿Lo debería condenar a una existencia doble, contradictoria, una existencia honorable, por un lado, y odiosa y despreciable por el otro? ¿Lo condenaré a soportar hasta la vejez una marca deplorable, una marca que le daña, una razón para la impotencia y la tristeza?». Es evidente que, si este consejo legal no hubiera tenido lugar, lo habría dilapidado todo. Era necesario que conquistara el gusto por el trabajo. El consejo legal se celebró, *todo se ha dilapidado y yo soy viejo y desgraciado.*

¿Es posible el rejuvenecimiento? Todo depende de esta cuestión.

Todo este retorno al pasado no tenía otro propósito que mostrar que tengo algunas excusas que enarbolar, si acaso no es una justificación completa. Si sientes algún reproche en esto que te he escrito, al menos debes saber con certidumbre que no altera en nada mi admiración por tu gran corazón, mi reconocimiento por tu dedicación. Siempre te has sacrificado. Tienes espíritu de sacrificio. Menos razón que caridad. Te pido más. Te pido, a la vez, consejo, apoyo, comprensión completa entre tú y yo, para dejar clara esta cuestión. Te lo suplico, ven, ven. Estoy al límite de mis fuerzas nerviosas, al límite del valor, al límite de la esperanza. Veo una continuidad del horror. Veo mi vida literaria estancada para siempre. Veo una catástrofe. Podrías fácilmente, durante ocho días, pedir la hospitalidad de algún amigo, de Ancelle, por ejemplo. No sé lo que daría por verte, por besarte. Presiento una catástrofe, y ahora no puedo ir a tu casa. París me hace daño. Ya he cometido dos veces una imprudencia grave que tu calificarías de forma mucho más severa; acabaré por perder la cabeza.

Te pido tu felicidad, y también pido la mía, mientras todavía podamos conocerla.

[...]

Adiós, estoy extenuado. Estos son los detalles de mi salud: no he dormido ni comido desde hace casi tres días, siento la garganta atenazada. Y hay que trabajar.

No, no digo adiós, porque espero verte de nuevo.

¡Oh, léeme con atención! Esfuérzate en comprenderme bien.

Sé que esta carta te afectará dolorosamente, pero sin duda también encontrarás un toque de dulzura, ternura e incluso de esperanza, que rara vez habrás notado.

Y te quiero.

C. B.

XV

LA MADRE COMO ENFERMEDAD

Cuando el vínculo materno resulta problemático,
incluso patológico o con síntomas disfuncionales, las cartas
de los hijos desvelan una oscura faceta de la madre.

SIGMUND FREUD A WILHEM FLEISS SOBRE EL COMPLEJO DE EDIPO

«He descubierto, también en mi propio caso, el fenómeno de estar enamorado de mi madre y celoso de mi padre».

Viena IX, Berggase 19
15 de octubre de 1897

Querido Wilhem:

Mi autoanálisis es, de hecho, lo más esencial que tengo en la actualidad y promete convertirse en lo más valioso para mí si llega a su fin. [...] Ser totalmente honesto con uno mismo es un buen ejercicio. Se me ocurrió una idea de valor general. He descubierto, también en mi propio caso, [el fenómeno de] estar enamorado de mi madre y celoso de mi padre, y ahora lo considero un acontecimiento universal en la primera infancia, aunque no tan temprano como en los niños que se han vuelto histéricos. (Parecido a la invención de la filiación [novela familiar] en la paranoia: héroes, fundadores de una religión). Si esto es así, podemos entender el poder de atracción de *Edipo rey*, a pesar de todas las objeciones que la razón plantea contra la presuposición del destino; y podemos comprender por qué el posterior «drama del destino» estaba destinado a fracasar de manera tan estrepitosa. Nuestros sentimientos se alzan contra cualquier compulsión individual arbitraria, como la que se presupone en *Die Ahnfrau* y similares; pero la leyenda griega se aferra a una compulsión que todos reconocen porque sienten su existencia dentro de sí mismos. En su fantasía, cada uno de los espectadores fue una vez un Edipo en ciernes y cada uno retrocede horrorizado ante la realización del sueño transferido aquí a la realidad, con toda la cantidad de represión que separa su estado infantil del actual.

Se me pasó fugazmente por la cabeza la idea de que lo mismo podría también estar en el fondo de *Hamlet*. No pienso en la intención consciente de Shakespeare, sino que creo, más bien, que un hecho real estimuló al poeta a su representación, en la que su inconsciente comprendió el inconsciente de su héroe. ¿Cómo justifica Hamlet, el histérico, sus palabras: «La conciencia nos convierte a todos en cobardes»? ¿Cómo explica su irresolución para vengar a su padre con el asesinato de su tío, el mismo hombre que envía a sus cortesanos a la muerte sin ningún escrúpulo y que se precipita positivamente al asesinar a Laertes? ¿Cómo mejor que a través del tormento que padece por el oscuro recuerdo de que él mismo había contemplado el acto contra su padre por pasión hacia su madre, y: «Tratad a cada uno como se merece y, ¿quién escapa al látigo?»? Su conciencia es su inconsciente sentimiento de culpa. ¿Y no es su alienación sexual en su conversación con Ofelia típicamente histérica? ¿Y su rechazo del instinto que busca engendrar hijos? Y por último, ¿su transferencia de la acción de su propio padre al de Ofelia? Y de la misma maravillosa manera que mis pacientes histéricos, ¿no se castiga al final a sí mismo al sufrir el mismo destino que su padre de ser envenenado por el mismo rival?

He centrado mi interés en el análisis de un modo tan exclusivo que ni siquiera he intentado probar, en lugar de mi hipótesis de que en todos los casos la represión parte del aspecto femenino y se dirige contra el masculino, la hipótesis opuesta por ti propuesta. Sin embargo, la abordaré alguna vez. Por desgracia, apenas participo en tus trabajos y progresos. En este aspecto estoy mejor que tú. Lo que puedo decirte sobre las fronteras mentales de este mundo encuentra en ti una crítica comprensiva, y lo que tú puedes decirme sobre sus fronteras celestes solo evoca en mí un improductivo asombro.

Saludos cordiales para ti, tu querida esposa, y mi nuevo sobrino,

Tu Sigm.

GUSTAVE FLAUBERT A SU MADRE, CAROLINE FLAUBERT

«Pienso que nunca querré a otra como a ti, no tendrás rival, no temas».

Constantinopla
15 de diciembre de 1850

¿Para cuándo la boda?, me preguntas a propósito del matrimonio de Ernest Chevalier. ¿Para cuándo? Para nunca, espero. En la medida que un hombre puede responder de lo que hará, mi respuesta respecto a esto es negativa. El contacto con el mundo con el que me he mezclado enormemente desde hace catorce meses, me hace recluirme cada vez más en mi caparazón. El padre Parain, que supone que los viajes cambian, se equivoca en cuanto a mí. Tal como partí volveré, solo con unos pocos cabellos menos en la cabeza y muchos paisajes más en mi interior. Eso es todo. Por lo que respecta a mis disposiciones morales, conservo las mismas hasta nueva orden. Es más, si tuviera que decir sobre ello lo más profundo de mis pensamientos sin que las palabras no sonaran demasiado presuntuosas a mi edad, diría: «Soy demasiado viejo para cambiar. Se me ha pasado la edad». Cuando uno ha vivido, como yo, una vida totalmente interior, llena de análisis turbulentos y de fugas contenidas, cuando uno se ha excitado tanto a sí mismo, y se ha calmado una y otra vez, y ha dedicado toda su juventud a maniobrar su alma, como lo hace un jinete con su caballo cuando lo obliga a galopar por los campos a golpes de espuela, a cabalgar con pequeños pasos, a saltar fosos, a ir al trote y a paso lento, todo esto nada más que para divertirse y para saber más; pues bien, quiero decir, si uno no se ha partido el cuello desde el principio, hay bastantes posibilidades de que no se lo parta más tarde. Yo también estoy aposentado, en el sentido de que he encontrado mi lugar, mi centro de gravedad. No creo que ninguna conmoción interior me pueda desequilibrar y tirarme al suelo. El matrimonio, para mí, sería una apostasía que me aterra. La muerte de Alfred no ha borrado el recuerdo irritante que me causó esta cuestión. Fue como, para los devotos, la noticia de un gran escándalo causado por un obispo. Cuando uno quiere, pequeño o grande, mezclarse con las obras del buen Dios, hay que comenzar, por higiene, solamente por higiene, colocándose en una posición en que no sea víctima de un engaño. Disfrutarás del vino, del amor, de las mujeres, de la gloria con la condición, jovencito, de que no seas un borracho, ni un amante, ni un marido ni un recluta. Inmersos en la vida, la vemos mal, la sufrimos o la disfrutamos demasiado. El artista, según mi opinión, es una monstruosidad, una cosa fuera de la naturaleza. Toda la infelicidad con que le abruma la providencia proviene de la tozuda negación de este axioma. Sufre y hacer sufrir. Que les pregunten sobre ello a las mujeres que han amado a los poetas, y a los hombres que han amado a las actrices. Por lo tanto (esta es la conclusión), estoy resignado a vivir como he vivido, solo, con la muchedumbre de grandes hombres que me rodean, con mi piel de oso, siendo yo mismo un oso, etc. Me importan bien poco el mundo, el futuro, el qué dirán, la posición e incluso la fama literaria, que antaño me hizo pasar tantas noches en blanco soñándola. Así es como soy: así es mi carácter, mi carácter es así.

Si sé, por ejemplo, a propósito de qué viene esta perorata de dos páginas, que se me lleve el diablo, pobre querida vieja. No, no. Cuando pienso en tu rostro tan triste y tan afectuoso, en el placer que siento de vivir contigo, tan lleno de serenidad y de un encanto tan serio, pienso que nunca querré a otra como a ti, no tendrás rival, no temas. La sensación o la fantasía de un momento no usurparán el lugar de lo que queda encerrado en un triple santuario. Quizá se cagarán en el umbral del templo. Pero nadie entrará.

Adiós, pobre viejita querida por tu hijo que te quiere,

GVE. FLAUBERT

CHARLES BAUDELAIRE A SU EDITOR, AUGUSTE POULET-MALASSIS

«Para el niño, esta caricia se revela sin que la mujer lo sepa, por todas las gracias de la mujer».

23 de abril de 1860

Del mundo femenino, *mundi muliebri...* ¿qué es lo que el niño ama apasionadamente de su madre, de su niñera, de su hermana mayor? ¿Es simplemente el ser que lo alimenta, lo peina, lo lava y lo acuna? También es la caricia y la voluptuosidad sensual. Para el niño, esta caricia se revela sin que la mujer lo sepa, por todas las gracias de la mujer. De modo que ama a su madre, a su hermana, a su niñera por el cosquilleo agradable del satén y la piel, por el perfume del cuello y los cabellos, por el tintineo de las joyas, por el juego de los ribetes, etc., por todo este *mundus muliebris* que empieza en la camisa y se revela incluso en el mobiliario donde la mujer deja la huella de su sexo.

CHARLES DE BAUDELAIRE

RAINER MARIA RILKE A LOU
ANDREAS-SALOMÉ

«Debe de haber en la naturaleza de mi madre, prácticamente consumida, unos cuantos hilos tan firmes que aún se mantienen».

Castillo de Duino, cerca de Nabresina, Litoral austriaco
19 de febrero de 1912

[…] Hace poco escribí por casualidad unas palabras a mi abuela (por parte materna), que cumplía ochenta y dos u ochenta y tres años; pero qué material tan tosco; simplemente que no se puede agotar, por lo demás ningún misterio. La vi por un momento en verano, en Praga: como el hambre voraz de unos niños a la mesa, hay en ella una alegría robusta, casi flamenca, por estar aquí; hay que decirlo así, no puede parar. La vida le ha gastado violentas bromas, pero, como los payasos, nunca entendió nada más que el golpe, y por eso no le hizo ningún daño. Incluso ahora, cuando mi madre, que a veces apenas puede caminar, pide un carruaje en Praga, se las arregla para bajar rápidamente y a pie, con el humor más alegre, desde su lejano y pobre apartamento de los suburbios, por el puro placer físico de ir a algún sitio, no importa a dónde. Me siento ajeno a su alegre durabilidad, de la misma manera que siendo niño, todo en su casa, entonces todavía rica y bien cuidada, me parecía otro mundo. (Todavía recuerdo con qué falta de formalidad se llevaban las cucharas de sopa a la boca en las ocasionales cenas familiares). Por lo demás, debe de haber en la naturaleza de mi madre, prácticamente consumida, unos cuantos hilos tan firmes que aún se mantienen; es apenas comprensible el modo en que, con toda su existencia llena de sufrimiento y devociones, así como de distracciones, conserva el gusto por la vida. En realidad acaba de apegarse confiadamente a ella. Si uno pudiera llegar alguna vez a contar con un poco de paz y compostura, también sería sin duda posible entender, describir, posiblemente admirar eso y todo el inexplicable fenómeno de su personalidad. Pero en mi situación también esto me provoca malestar, como tantas veces, al ver en este lugar natural una figura tan vaga, por la que ni siquiera ahora, en mi corazón más experimentado, se llega a desarrollar ningún tipo de sentimiento real.

XVI

TODO POR MI MADRE

¡Nada es demasiado grande para la madre, no hay nada que no prometan sus hijos exaltados, movidos por el amor materno! ¡Todo, absolutamente todo, harán por ella!

NAPOLEÓN BONAPARTE A SU MADRE, LETICIA, TRAS LA MUERTE DE SU PADRE, CHARLES BONAPARTE

«Redoblaremos nuestras atenciones y nuestro reconocimiento, y seremos felices si podemos».

París
28 de marzo de 1785

Mi querida madre:

No ha sido hasta hoy que el tiempo ha podido calmar un poco los primeros arrebatos del dolor, y me apresuro a manifestarle el reconocimiento que me inspiran las bondades que siempre ha tenido usted por nosotros. Consuélese, querida madre, las circunstancias lo exigen; redoblaremos nuestras atenciones y nuestro reconocimiento, y seremos felices si podemos, gracias a nuestra obediencia, aliviar un poco la inestimable pérdida de este querido esposo. Termino, querida madre, me lo ordena el dolor, rogándole que calme su dolor. Mi salud es perfecta y rezo todos los días para que el cielo la gratifique con una parecida. Presente mis respetos a Zia Gertruda, Minana Saveria y Minana Fesch, etc.

P. D.: La reina de Francia dio a luz a un príncipe, el duque de Normandía, el 27 de marzo a las siete de la tarde.

Su humilde y afectuoso hijo,

NAPOLEONE DE BUONAPARTE

CHARLES BAUDELAIRE A SU MADRE, CAROLINE BAUDELAIRE

> «Todo lo que sea humanamente posible,
> para crearte una felicidad particular y nueva en
> la última etapa de tu vida, será hecho».

3 de junio de 1857

Quiero explicarte en dos líneas la razón de mi conducta y mis sentimientos después de la muerte de mi padrastro; encontrarás en estas dos líneas la explicación de mi actitud en esta gran desgracia y al mismo tiempo de mi conducta futura: este acontecimiento ha sido para mí algo solemne, como una llamada al orden. En alguna ocasión he sido muy duro y deshonesto contigo, mi podre madre; pero, a fin de cuentas, podía considerar que alguien se estaba ocupando de tu felicidad, y la primera idea que me asaltó a raíz de esa muerte es que, ahora, soy yo quien se debe hacer cargo de forma natural. Todo lo que me he permitido, despreocupación, egoísmo, groserías violentas, como siempre hay en el desorden y el aislamiento, todo esto me está prohibido. Todo lo que sea humanamente posible, para crearte una felicidad particular y nueva en la última etapa de tu vida, será hecho. No es algo tan difícil después de todo, puesto que usted da tanta importancia al éxito de todos mis proyectos. Al trabajar para mí, trabajaré para ti. […] Adiós, querida madre, respóndeme con detalle, y ten presente que soy tuyo absolutamente, y de nadie más. […]

CHARLES

> «El miedo a morir antes de hacer lo que tengo
> que hacer; el miedo a tu muerte antes de que
> te haya hecho absolutamente feliz».

26 de marzo de 1860

Si supieras qué pensamientos me ocupan: el miedo a morir antes de hacer lo que tengo que hacer; el miedo a tu muerte antes de que te haya hecho absolutamente feliz, tú, el único ser con quien puedo vivir dulcemente, sin engaños, sin mentiras; el horror de mi consejo legal (es necesario pronunciar esta palabra) que me tortura día y noche; en fin, y quizá esto sea más triste que lo demás, el miedo a no poder curarme jamás de mis vicios. Estos son mis pensamientos habituales. ¡Y, por la mañana, cuando despierto…! ¡Frente a estas tristes realidades, mi nombre, mi pobreza, etc.!

CHARLES

HONORÉ DE BALZAC A SU HERMANA, LAURE BALZAC, SOBRE SU MADRE, ANNE-CHARLOTTE-LAURE SALLAMBIER

«¡Me hace falta esta madre entregada el día del triunfo!».

Angulema
1832

Gracias, mi hermana: ¡el amor de los seres queridos nos sienta tan bien! Dile a mi madre que la quiero como cuando era niño. Me brotan las lágrimas al escribirte estas líneas, lágrimas de ternura y de desesperación, puesto que presiento el futuro, ¡y me hace falta esta madre entregada el día del triunfo! ¿Cuándo llegará? Cuida bien a nuestra madre, para el presente y el futuro.

[HONORÉ]

HONORÉ DE BALZAC A SU MADRE, ANNE-CHARLOTTE-LAURE SALLAMBIER

«Daría la mitad de mi sangre por devolverte la salud, y guardaría la otra mitad por si la necesitaras».

París
[principios de noviembre de 1834]

Mi buena madre, querida, Laure me ha dicho que no te encontrabas bien, mi cielo, te lo suplico, ¡cuídate mucho! Cuida de tu salud; nada me es más querido en el mundo, daría la mitad de mi sangre por devolverte la salud, y guardaría la otra mitad por si la necesitaras.

Madre, el día en que todos seremos felices se acerca con rapidez, comienzo a recoger los frutos de los sacrificios que he hecho este año para lograr un futuro más prometedor. Todavía unos meses más y te podré dar la vida feliz, la vida sin preocupaciones que necesitas. Tendrás todo lo que deseas; nuestras pequeñas vanidades no serán menos satisfechas que las ambiciones del corazón. ¡Oh, cuídate, mímate, te lo ruego! Si el trabajo me lo hubiera permitido, habría ido a Chantilly; pero sabes que he de ir a Inglaterra por Surville y Laure; además, tengo muchas cosas que pagar este mes. Mi trabajo bastará. Ya no tienes que atormentarte por mí. Que descanse tu espíritu, y piensa en tu salud. Consérvate para una dicha que estaré orgulloso y feliz, muy feliz de darte.

Ahora que este objetivo ya no queda tan lejos, te puedo hablar de ello. Este año tendrás dos alegrías. El día de mi nacimiento, estoy seguro, solo te lo debo a ti; y espero, durante el resto del año, llegar a un buen resultado que te beneficie, espero dar por zanjada sin perjuicio de los niños la dote de Laurence y la de Henri, y proveerte de un capital suficiente para darte seguridad; después, más tarde, verás… Mi riqueza, créelo, es tu felicidad, es tu satisfacción en los asuntos de la vida. ¡Oh, buena madre, vive para ver mi bello futuro, cuídate bien! Si no te encuentras mejor, ven a París, consultaremos con los médicos. Si en enero voy a Viena, procuraré tener suficiente dinero para llevarte conmigo; quizá un viaje te siente bien, y entonces me ocuparé de ti, mi querida madre… Venga, prométeme que te cuidarás, que no tardarás en venir aquí para ir al médico. Sobre todo, que nada te inquiete, que nada te atormente más. Gracias por tu ayuda del 7 de septiembre, dentro de cuatro días Laure tendrá novecientos francos para ti, que le daré yo. En fin, si tienes cualquier antojo, si necesitas lo que sea, dímelo, madre. Yo prescindo de mis antojos, y lo hago para que tú puedas satisfacer las tuyas.

Adiós, buena madre; te beso, te abrazo con una efusión del corazón sin límites, me gustaría que esta carta te transmitiera mi salud, y que mis deseos tuvieran la fuerza de mi voluntad. También he pensado en el futuro de Henri, estoy empezando algo que podría colocarlo convenientemente, pero no le digas nada, no quiero que crea que puede contar conmigo.

Mil besos, mi querida y amada madre.

Si hay alguna *Revue de Paris* en Chantilly, léete la del domingo 2 de noviembre: verás que pienso en el futuro de las familias de las pobres gentes de letras y, esta vez, he desplegado mi voz pública. ¡Dónde está mi pobre padre! Ha-

bría resoplado al oír esta carta bella y larga que, según dicen, me da la supremacía literaria.

Bueno, esto pone en los manuscritos. Cuídate, pórtate
bien. Te quiero, amada madre.

Tu hijo,

HONORÉ

GUSTAVE FLAUBERT A SU MADRE, CAROLINE FLAUBERT

«Buena madre, yo no quiero que hagas este sacrificio por mí. ¿Me comprendes?».

Constantinopla
14 de noviembre de 1850

Apruebo tu idea de llevarte al padre Parain. Tendrás en él a un servidor entregado. Será servicial como un criado y fiel como un amigo, y, además, después de todas las pruebas de afecto que te ha dado (creo que después de mí es la persona que más te ama), después de haber compartido con él tus días malos, me parece justo que le des algo de tus días buenos. De modo que, según mi opinión, es un deber para ti llevártelo. Pero mira cuál es su estado cuando vuelva a Nogent; por otro lado, será totalmente insoportable para cualquier otro. Así que id juntos hasta Marsella, y de allí embarcaos hacia Nápoles. Es mejor que te encuentres conmigo en Nápoles que en Venecia, el viaje es menos largo para ti puesto que será por mar. De Marsella a Venecia es un señor viaje, mientras que de Marsella a Nápoles no es nada, solo setenta y dos horas por mar y en febrero, a veces, el tiempo es magnífico. Por lo demás, se va de maravilla con estos paquebotes del Mediterráneo; además, a mí me supone menos problemas volver por Nápoles que por Venecia. Subiremos poco a poco por Roma, Florencia y Venecia. Pero todo lo que precede depende de lo que sigue. Es aquí donde salta la liebre, aquí comienza la cuestión principal. Yo no veo con buenos ojos que dejes a Lilinne.

1) Si ella falta, tendrás distracciones permanentes. Es infalible. Y tu viaje lo sufrirá. Estarás nerviosa. Querrás cambiar de lugar, apresurar la vuelta. En suma, es meterse en una disposición moral detestable, créelo, querida madre, una vieja experiencia de viajero. Si Maxime ama tanto viajar, si se encuentra tan bien cuando lo hace, etc., es porque se lleva la patria en los tacones de los zapatos, y a toda la familia en el chaleco de franela. Al viajar, hay que hacer como los beduinos: partir con toda la tienda.

2) Si la dejas en Olympe, ¿no es darle a Hamard pretextos para que la reprenda? Y, si la reprende durante tu ausencia, ¿qué dirás?

3) Si se pone enferma, etc., y tú no estás, no pararás de hacerte reproches, pobre mamá.

4) Es sacrificarla por mí, es decir, ponerme a mí por delante de ella, y ella te necesita más que yo, esta pobre niña de mi querida Caroline. Ahora bien, buena madre, yo no quiero que hagas este sacrificio por mí. ¿Me comprendes?

Si crees que no debes llevártela, algo que es contrario a mi opinión, volveré a Francia en primavera, en el mes de mayo, lo más pronto posible. Estoy dispuesto a renunciar a Italia para no verte languidecer durante todo el tiempo que pasaremos allí y vivir con angustias perpetuas. En tu lugar, esto es lo que yo haría.

GUSTAVE FLAUBERT

ISABEL II A SU MADRE, MARÍA CRISTINA DE BORBÓN-DOS SICILIAS

«Confía en Dios y en la Virgen Santísima, que siempre nos ha protegido y que hará que la verdad triunfe y algún día se te haga justicia».

Comprendo querida mamá lo que sentirás la injusticia de los hombres, tú que no has hecho más que hacerles beneficios, pero confía en Dios y en la Virgen Santísima, que siempre nos ha protegido y que hará que la verdad triunfe y algún día se te haga justicia lo mismo que a mí, pues a la verdad también suelen ser un poco injustos conmigo, no el pueblo que ese hestá bien, yo tengo mucha fe y mucha esperanza y que Dios y la Virgen nos sacasen a todos y de todo adelante, tú lo verás querida mamá mía [...] ¿No sabes una cosa curiosa querida mamá mía, que decían estos días que tú me había mandado 30 millones para que hiciera la rebolución, qué bestialidad, la ventaja es que de pura gorda ya la noticia nadie la ha creído.*

---

* Las faltas de ortografía y las erratas son de la autora de la carta.

STEFAN ZWEIG A SU MADRE, IDA ZWEIG

«Aunque estaba todo preparado, no lo hice, por consideración hacia ti».

Londres
[sin fecha, posiblemente agosto de 1938]

Querida mamá, al no saber si te quedarías en Baden en agosto, también te he escrito a Garnisonsgasse; espero que te encuentres bien. Te ilusionas —está claro que ha sido Fritz quien te lo ha comunicado por carta— con un hipotético divorcio. Pero, por desgracia, no se ha producido. En el momento, hace un año y medio, aunque estaba todo preparado, no lo hice, por consideración hacia ti; no quería que ella u otros familiares te molestaran con esto. Por desgracia, ahora es mucho más difícil, y ya no puedo moverme a mis anchas, ir a cualquier parte, tengo demasiado que hacer. No es fácil para ella, puesto que sus hijas han desperdiciado toda ocasión de convenir en un matrimonio correcto con su estúpida locura de divertirse… Estoy encantado de no tener que ver más a esas jovencitas.

He recibido una carta de Egon donde me decía que las cosas le iban mal; evidentemente, es difícil ayudarlo porque no tengo en absoluto el derecho a disponer de mi dinero en Austria, si no le habría echado una mano de inmediato. No cabe duda de que esto me aflige… ¡cuando pienso en la fortuna que tenía el tío Philipp! Todo esto está perdido, y el mismo desastre se repite por todos lados. ¡Recuerdos a la señorita Josefine!

Tu fiel

S.

SÉNECA A SU MADRE:
CONSOLACIÓN A HELVIA

«Consolación a Helvia» es la carta a la madre más antigua que se conserva. Se trata de un monumento de filosofía estoica que Séneca escribió en pleno exilio sobre la muerte de su hermano, para que su madre no se muriera de pena al quedarse sola. Carta de un hijo que cuida de su madre.

«Quería con todas mis fuerzas, poniendo la mano sobre mi herida, arrastrarme hasta la tuya para cerrarla».

I. Muchas veces, oh madre excelente, he sentido impulsos para consolarte, y muchas veces también me he contenido. Movíanme varias cosas a atreverme: en primer lugar, me parecía que quedaría libre de todos mis disgustos si lograba, ya que no secar tus lágrimas, contenerlas al menos un instante: además no dudaba que tendría autoridad para despertar tu alma, si sacudía mi letargo; y en último lugar temía que, no venciendo a la fortuna, venciese ella a alguno de los míos. Así es que quería con todas mis fuerzas, poniendo la mano sobre mi herida, arrastrarme hasta la tuya para cerrarla. Pero otras cosas venían a retrasar mi propósito. Sabía que no se deben combatir de frente los dolores en la violencia de su primer arrebato, porque el consuelo solo hubiese conseguido irritarlo y aumentarlo; así como en todas las enfermedades nada hay tan pernicioso como un remedio prematuro. Esperaba, pues, que tu dolor agotase sus fuerzas por sí mismo, y que, preparado por la dilación para soportar el medicamento, permitiese tocar y cuidar la herida. Además, al leer de nuevo las lecciones que nos dejaron los grandes genios acerca de los medios para contener y corregir la tristeza, no encontraba el ejemplo de alguno que hubiese consolado a los suyos, siendo él mismo causa de lágrimas para ellos. Con esta nueva duda, vacilaba y temía desgarrar antes tu alma que consolarla. ¿Acaso no necesitaba palabras nuevas, que nada tuviesen de común con los ordinarios consuelos del vulgo, aquel que, para consolar a los suyos, levantaba de la pira la cabeza? Y es muy natural que la intensidad de un dolor que excede de la medida común, prive de la elección de palabras cuando frecuentemente ahoga también la voz. Voy a intentar de la manera que pueda ser tu consolador, no porque confíe en mi ingenio, sino porque puedo ser para ti la consolación más eficaz. Al que nunca has negado nada, no te negarás ahora (aunque toda tristeza es contumaz), y espero poner término a tu pesar.

II. [...] En otro tiempo, sobre el mismo seno que tus tres hijos acababan de dejar, recogías los huesos de tus tres nietos. Veinte días después de haber dado sepultura a mi hijo, muerto en tus brazos y entre tus besos, oíste que te era arrebatado yo: todavía te faltaba llorar por los vivos.

III. La herida más grave de cuantas ha recibido tu pecho es esta última, lo confieso, porque no rasgó solamente la piel, sino que penetró en medio de tu corazón y de tus entrañas. Pero de la misma manera que los soldados bisoños vociferan a la herida más ligera, temiendo menos la espada que la mano del médico, mientras que los veteranos, aunque atravesados de parte a parte, se prestan pacientemente y sin gemir al filo del acero como si se tratase de cuerpo extraño; así también debes prestarte tú hoy a la operación. Rechaza de ti los sollozos, lamentos y agitadas manifestaciones que de ordinario lleva consigo el dolor de la mujer; porque habrás perdido todo el provecho de tantos males si no has aprendido aún a ser desgraciada. ¿Ves acaso que te trato con timidez? Nada he suprimido de tus males; todos te los he presentado ante los ojos, haciéndolo con resolución, porque pretendo triunfar de tu dolor y no atenuarlo.

[...]

XV. Todos mis consuelos deben dirigirse hacia aquel lado de donde brota con toda su fuerza el dolor maternal: «Estoy privada de los abrazos de mi amado hijo; no gozo de su presencia, de su palabra: ¿dónde está aquel cuyo rostro disipaba la tristeza del mío, en el que depositaba todas mis penas? ¿Dónde aquellos coloquios de que me mostraba insaciable? ¿Dónde aquellos estudios a los que asistía con más gusto que una mujer, con más familiaridad que una madre? ¿Dónde aquellos encuentros y aquella alegría infantil al ver a la madre?» Te representas aún los sitios de nuestros regocijos y expansiones, y no puedes olvidar las impresiones de nuestra reciente conversación, tan a propósito para oprimir tu alma. Porque la fortuna te reservaba todavía esta pena cruel: la de hacerte regresar tranquila y sin sospechar tu desgracia tres días antes de que descargase el golpe. Oportunamente nos había separado la distancia; oportunamente la ausencia de muchos años te había preparado para este infortunio: regresaste, no para encontrar alegría al lado de tu hijo, sino para no perder la costumbre de los dolores. Si hubieses partido mucho tiempo antes, habrías sufrido menos; la distancia misma habría suavizado el sentimiento: si no hubieses partido, habrías tenido al menos como último consuelo el placer de ver a tu hijo dos días más. Hoy, gracias a la crueldad del destino, no has estado presente a mi infortunio y no has podido acostumbrarte a mi ausencia. Pero cuanto más terrible es esta desgracia, más indispensable te es recoger todo tu valor, mayor ardimiento necesitas para combatir, hallándote al frente de un enemigo conocido y frecuentemente vencido. No brota tu sangre de cuerpo intacto; has sido herida en tus mismas cicatrices.

XVI. No necesitas buscar excusa en tu condición de mujer, a la que se permiten las lágrimas como por derecho, muy extenso sin duda, pero no ilimitado. Así es que nuestros mayores concedieron diez meses para llorar al esposo, para transigir por decreto solemne con la obstinación de las tristezas de las mujeres: no prohibieron el luto, pero lo limitaron. Porque dejarse abatir por dolor infinito cuando se pierde una persona querida, es loco cariño; no experimentar ninguno, es inhumana dureza. El equilibrio mejor entre el cariño y la razón es experimentar el dolor y dominarlo. [...]

Demasiado sé que no se encuentra esto en nuestro poder, que ningún sentimiento se deja dominar, y especialmente el que nace del dolor; porque este es enérgico y rebelde a todo remedio. Algunas veces queremos contener y ahogar nuestros suspiros, pero por nuestro rostro compuesto y fingido se ve correr el llanto. Algunas veces ocupamos nuestro ánimo en los juegos y combates del circo, pero en medio de estos mismos espectáculos que deberían distraerle, se siente abatido por oculta tristeza. Mejor es, pues, vencer el dolor, que engañarle; porque distraído por los placeres, rechazado por las ocupaciones, despierta muy pronto después de acumular en el reposo fuerzas para desencadenarse; pero el que obedece a la razón, se asegura perpetua tranquilidad. No te indicaré los medios que han usado muchos, tales como buscar el alejamiento en la duración de un viaje, o distracción en sus atractivos; emplear mucho tiempo en el examen de cuentas y administración de tu patrimonio; en fin, que te ocupes sin cesar en asuntos nuevos: todas estas cosas solamente sirven por breves momentos, no siendo remedios, sino aplazamientos al dolor: por mi parte, prefiero poner término a la aflicción que engañarla. He aquí por qué te llevo hacia el refugio de todos aquellos que huyen de la fortuna, los estudios liberales; estos curarán tu herida, estos te librarán de toda tristeza. [...] Mira a mis hermanos: mientras se encuentren en seguridad, no tienes derecho para acusar a la fortuna: en uno y en otro encontrarás encanto por sus diferentes virtudes: el uno ha conseguido los honores por sus conocimientos, y el otro, por su sabiduría, los ha despreciado. Goza de la grandeza del uno, de la paz del otro y del amor de los dos. Conozco los afectos íntimos de mis hermanos: el uno ha apetecido las dignidades para honrarte; el otro se ha recogido en vida de tranquilidad y reposo para dedicarse por completo a ti. La fortuna ha dispuesto admirablemente tus hijos para proporcionarte apoyo y deleite; puedes descansar en el favor del uno y gozar de los ocios del otro. Ambos rivalizarán en cariño hacia ti, y el amor de dos hijos compensará la pérdida de uno. Puedo asegurarlo con audacia: lo único que te faltará es el número. Fija enseguida los ojos en tus nietos: mira a Marco, ese amable niño a cuyo aspecto no puede resistir ninguna tristeza; no hay en el pecho herida tan profunda ni tan reciente que no puedan dulcificar sus caricias. ¿Qué lágrimas no podría secarte su alegría? ¿Qué corazón contraído por la angustia no se ensancharía con sus gracias? ¿Sobre qué frente no traerían regocijo sus juegos? ¿Qué pensamientos obstinados no desaparecerían al escuchar su encantadora charla que no puede cansar? Ruego a los dioses le concedan sobrevivirnos. ¡Que la crueldad del destino se agote y termine en mí! ¡Que caigan sobre mí todos los dolores de la madre, y sean para mí también todos los de la abuela! Que todos los demás de la familia sean felices cada cual en su condición, y no me quejaré de mi soledad ni de mi suerte. Que sea yo la única víctima expiatoria de la casa que ya no tendrá que gemir. [...] Necesario es que muestres igual valor, sustraigas tu ánimo al dolor y obres de modo que nadie te suponga arrepentida de tu maternidad. Sin embargo, como a pesar de lo que hagas, tu pensamiento se dirigirá siempre hacia mí y ningún hijo tuyo se presenta con tanta frecuencia a tu memoria, no porque les ames menos, sino porque es natural llevar más veces la mano a la parte dolorida, he aquí cómo debes pensar de mí: me encuentro alegre y contento como en los mejores días: nuestros mejores días son aquellos en que el ánimo, libre de todo cuidado, emprende cómodamente los trabajos, y en tanto, encuentra placer en los estudios ligeros, en tanto ávido de verdad se eleva para contemplar su naturaleza y la del universo. Primeramente examina las tierras y su posición; enseguida las leyes del mar que las rodea, sus flujos y reflujos alternos; y después contempla el intervalo que media entre el cielo y la tierra, lleno de asombros, y ese espacio en el que estallan con fragor los truenos, los rayos, el soplo de los vientos y las nubes que lanzan la nieve y el granizo: después de pasear por las regiones inferiores, álzase a las superiores, goza del magnífico espectáculo de las cosas divinas y, recordando su eternidad, camina en medio de lo que fue y de lo que será en todos los siglos.

CARLOS GARDEL A SU VIEJA, BERTHE GARDES

«¡Si ya me parece que hace mil años que no la veo, pese al poco tiempo que llevamos separados!».

11 de marzo de 1931

Vieja querida:

A pesar de mis promesas, no he podido todavía ir a Toulouse, a visitar la tumba de nuestros mayores. Perdónele la postergación de este propósito a su hijo, que la quiere mucho y que se siente un poco solo sin usted.

Ayer he recibido carta de Buenos Aires, y los buenos amigos me aseguran que su salud es excelente, pese a lo cual no estoy del todo tranquilo. Espero que las palpitaciones que le molestaban hayan dejado de hacerlo.

Desde el mismo día de mi llegada, he tenido que trabajar muchísimo. Nos presentamos en un teatro céntrico la semana que viene, y hay que ensayar mucho. Por otra parte, y tal como yo le había pronosticado, ahora me llega otra propuesta para hacer cine. Hay mucha plata en juego, madre, y más que eso, se juega en esta partida el porvenir de su Carlos. Pensando en usted es que me animé a decir que sí a esta propuesta.

[...] ¡Si ya me parece que hace mil años que no la veo, pese al poco tiempo que llevamos separados! Quiero pedirle por favor que no se fije en gastos; llame a otra muchacha más para que la atienda en la casa. Los muchachos me han escrito últimamente, me dicen que únicamente la acompaña Doña María —mujer fiel y servicial como pocas— a la que le hará llegar usted mis saludos. Aunque sea para dejarme tranquilo del todo, mi mamá tiene que hacer esto que le digo: contrate a una mucama o enfermera, para que esté todo el día a su lado. Así habrá quien vele por usted de noche. Ya llegará el tiempo en que su Carlos esté todo el tiempo a su lado, sin necesidad de que nadie extraño la cuide.

Otra cosa quería decirle, y es que no le preste oídos a las habladurías de la gente. Sé que un diario publicó la noticia de que yo me pensaba casar aquí en Francia. Le aseguro que no hay nada de cierto en eso. No me olvido de la promesa que le hice cuando todavía era un purrete. Antes de casarme, lo consultaré con usted, y le presentaré a la mujer elegida para acompañarme toda la vida. Pero esa ocasión no ha llegado todavía.

Ahora viejita, perdóneme la brevedad de la carta. Tengo que ir a ensayar nuevamente.

Reciba el abrazo más grande de su

CARLOS

XVII

LA DESPEDIDA DE LA MADRE: ÚLTIMOS SUSPIROS, ÚLTIMAS CARTAS

El vínculo materno, por ser el origen de la vida y del amor, es quizá el único que, con toda certeza, no puede romperse, más allá de las muertes de las personas involucradas. Especialmente dolorosas son las cartas lamentando la muerte de la madre.

Muerte de la madre

HANS CHRISTIAN ANDERSEN A SU PADRE, HANS ANDERSEN, SOBRE LA MUERTE DE SU MADRE, ANNE MARIE ANDERSDATTER

«Ningún hijo, ningún hermano, puede sufrir más que yo».

Marzo de 1840

Mi muy amable y querido padre:

Nunca he experimentado tantas emociones por el hogar como cuando lo abandoné ayer, y por el hogar me refiero a tu casa y a todo cuanto hay en ella; así como a la de Eduard y Gottlieb. Ningún hijo, ningún hermano, puede sufrir más que yo; pero es mejor que me vaya: tengo el alma enferma. Uno no se atreve a expresar lo que más pesa en su mente ni siquiera a sus seres más queridos. ¡Oh, cómo me has hecho sentir tu amor estos últimos días! Te quiero como a un padre, por favor, sé eso para mí siempre, y sabré que he ganado mucho en este mundo.

[Hans]

MARCEL PROUST A LA SEÑORA CATUSSE SOBRE LA MUERTE DE SU MADRE, JEANNE PROUST WEIL

Cuando Proust pierde a su madre, cae en una larga depresión que durará dos años. Volverá a la vida entregado a la escritura de su obra cumbre, En busca del tiempo perdido, *fruto del duelo por su madre. Puesto que le permite volver al tiempo de la infancia feliz, cuando su madre iba a su habitación a leerle hasta que se quedaba dormido, la literatura será su sacerdocio: cuando escriba la palabra «FIN», sucumbirá el escritor.*

«Uno es más valiente con sus propias penas».

2 de octubre de 1918

Me acuerdo de la muerte de su madre como de algo más espantoso que, quizá, su propia muerte, porque cuando murió mi abuela fue mamá quien sufría, mientras que en la muerte de mamá solo estoy yo. Uno es más valiente con sus propias penas.

MARCEL PROUST A GEORGES DE LAURIS, QUE ACABABA DE PERDER A SU MADRE

«Sea inerte, espere a que la fuerza inconcebible que le ha desgarrado le alivie un poco...».

18 de febrero de 1907

Ahora, le puedo decir una cosa: conocerá dulzuras que todavía no puede creer. Cuando tenía a su madre, pensaba mucho en los días de ahora, en los que ya no la tiene. Ahora, piensa mucho en los días de antaño, cuando la tenía. Cuando se acostumbre a esta cosa terrible que es instalarse en el pasado, entonces sentirá que revive poco a poco, que vuelve para tomar su lugar, su lugar al lado de usted. En estos momentos, todavía no es posible. Sea inerte, espere a que la fuerza inconcebible que le ha desgarrado le alivie un poco, digo un poco, porque siempre habrá algo roto. Dígaselo también usted mismo, puesto que es una dulzura saber que no amará menos, que no se consolará nunca, que cada vez se acordará más y más de ella.

PETRARCA AL CARDENAL GUY DE BOULOGNE, CONDOLENCIAS POR LA MUERTE DE SU MADRE

«Aunque no hubiera disfrutado de otra felicidad o alegría en la vida que la de darle a luz, nadie negará que fue muy afortunada».

Aviñón
14 de mayo

Sé a quién me dirijo; a alguien a quien siempre he considerado un juez favorable y amable intérprete de mis talentos, y además a alguien a quien, me consta, le es bien conocida mi sinceridad; no me preocuparé, pues, debido a la presión del tiempo, por hacer más sofisticado mi estilo. Incluso mi espíritu es capaz de hablarle a través del silencio. Además, espero que comprenda y le convenza de que el mío no puede ser un estilo alegre cuando usted está triste. Añada a esto el hecho de que me he acercado a mi pluma con mayor confianza y premura debido a mi experiencia con casi todo tipo de penas. No hay dificultad ni tristeza que me sea desconocida; la naturaleza me hizo ignorante y la fortuna, docto en tales asuntos. No experimenté esto en mis escritos, aunque sí en el ámbito personal, a saber, que debía consolar a un hijo por la muerte de su madre. Hasta el día de hoy, confieso, esa clase de tema luctuoso era el único que quedaba sin probar. De hecho, hasta ahora ese tipo de consuelo había sido innecesario para cualquier persona a la que quiero o respeto, excepto para mí mismo, que sufrí semejante desgracia en mi más temprana juventud. Pero volviendo a nuestro tema, querido padre, ayer al atardecer me enteré de la triste y luctuosa noticia. Supe de su pesar y de sus lágrimas, esos auténticos testimonios de la devoción: no solo no las desapruebo, sino que las acepto siempre que sean breves, moderadas y contenidas. Tan grande es mi aprobación, de hecho, que no me apresuré a ir a verle de inmediato al conocer la noticia, no tanto porque se aproximara la noche, lo cual lo hacía imposible, sino por esta reflexión: concedamos una noche para un dolor muy apropiado, dejemos tiempo para la piadosa devoción, dejemos que fluya el torrente nocturno de lágrimas, para que el día siguiente amanezca más sereno. ¿Qué puedo decir? ¿Cómo tocar esta herida tan reciente de su espíritu? Su querida madre ha fallecido. Aunque no hubiera disfrutado de otra felicidad o alegría en la vida que la de darle a luz, nadie negará que fue muy afortunada. Cuando la famosa Cornelia, hija del Africano, madre de los Graco, vio que sus hijos padecían una terrible muerte, dijo a las mujeres de luto que estaban con ella, lamentando su desgracia con plañidos femeninos: «Nunca me consideraré desgraciada por haber dado a luz a tales hijos». Si dijo esto de sus hijos muertos, ¿qué podría decir su madre de su eminencia, que está vivo y sano? Embarazada, le llevó durante nueve meses en el vientre con dificultad y sufrimiento; con alegría y dolor le dio a luz; le hizo dormir con sus suaves cantos mientras yacía en su cuna; le abrazó, su dulce carga, envuelto en pañales y llorando; se mostró solícita cuando gateó y ansiosa cuando dio sus primeros pasos vacilantes; se inquietó cuando jugó con sus jóvenes amigos; le buscó con cariño cuando fue a la escuela, y le acogió con alegría cuando volvió convertido en un joven. Como joven, como hombre, como hombre sabio, como hombre culto, y como hombre aceptable para Dios y para los demás hombres, fue una fuente de inmensa alegría para ella. Poco después, antes de lo habitual por sus méritos, le proporcionó extraordinaria gloria al ser designado obispo de la iglesia de Lyon. Finalmente, le dio el mayor placer con su nombramiento como cardenal por la Sede Romana; y más recientemente, como arzobispo de Porto, le proporcionó un puerto de descanso para casi todas sus oraciones. Ante esta situación, ¿qué puedo decir de la partida de su anciana madre? Seguramente que con sus cualidades, con el renombre de su marido, con el número y el encanto de sus hijos, pero sobre todo con vuestros altos honores y devoción, debía de ser una mujer feliz, de hecho, tan feliz que difícilmente podría haberlo sido más en esta tierra. Ha sido llevada, a su debido tiempo, de esta felicidad mortal y transitoria a la bienaventuranza eterna. Ahora, en el cielo, con las desgracias de la vida mortal a sus espaldas, triunfa, tras haber seguido a su marido, y precediendo a sus hijos que, a su debido tiempo, también viajarán felizmente hasta allí. Si por casualidad se retrasa por alguna debilidad de la carne y no está todavía en el cielo, hay que ayudarla con oraciones devotas más que con lágrimas. Esto es lo que ella espera de Su Eminencia, esto sería un regalo más gratificante para ella. Rece, no se lamente; si la amó con vida en este mundo, permítale con el corazón tranquilo, oh, ilustrísimo padre, ascender, desde su posición terrenal, aunque elevada, a la más alta cumbre de la bienaventuranza divina. ¿Qué más podía hacer en esta tierra? ¿Qué más podría haber querido veros hacer, excepto quizá llegar a ser el Santo Pontífice? En efecto, soy de la opinión de que una persona muere más feliz mientras disfruta del presente y espera en el futuro que cuando, tras haber satisfecho toda esperanza y alcanzado todo lo que se puede aguardar o desear en la tierra, el miedo sustituye gradualmente a la ilusión. Pues se ha comprobado con la ayuda de la naturaleza que, así como los que desean poseen esperanza, los que han alcanzado su deseo temen perderlo.

En consecuencia, siento que su madre no podría haber partido en mejor momento hacia la morada celestial. Pues ha podido dejarle como su superviviente y como hombre feliz —el doble deseo de todo padre— y también llegar a ver en su queridísimo hijo una gran fortaleza de mente y cuerpo, alcanzar una considerable edad, una posición de honor y buena fortuna en su carrera. Por lo tanto, no se aflija por ella más allá de lo razonable, para que no parezca que está culpando al proceso de la naturaleza; tenía que ser que ella le sobreviviera o su eminencia a ella. Ella esperaba lo segundo, lo cual estaba en consonancia con las leyes de la naturaleza, y así fue. Consuele su espíritu, oh magnánimo señor, no lamente que no haya ocurrido lo contrario, pues le habría causado una tristeza indescriptible. Ojalá la naturaleza cumpliera sus otras funciones tan bien como lo ha hecho en su caso. Leemos y vemos que a menudo las madres lloran con pena la muerte de sus hijos, mientras que lo contrario es mucho más raro y atenuado. Descubrirá que algunas madres que lamentan la muerte de sus hijos encuentran ellas mismas la muerte como resultado de su dolor materno. También otras lloraron la muerte de un hijo durante toda la vida, hasta el último día, sin prestar atención a las palabras de consuelo. Así fue para aquellas ilustres mujeres, Livia la esposa de Augusto y Octavia su hermana, a las que Séneca recuerda cuando escribe a su Marcia. Cicerón también lloró en exceso a su Tulia, consolándose por la muerte de su amada hija en un extenso texto que Ambrosio imitó más tarde a la muerte de su hermano y publicó como obra de consolación. Sin duda no es extraño ni inusual que los hombres lamenten la muerte de sus hijos o de sus hermanos, y que los hombres cultos se consuelen mutuamente en sus penas. Sin embargo, si no me falla la memoria, apenas se encuentra un ejemplo destacado de un hijo que lamente profundamente la muerte de su madre, no por falta de devoción, sino por los límites que marca el orden natural. Nuestro Agustín lloró a su amada madre, que le siguió por tierra y por mar, y que derramó solícitas e interminables lágrimas durante todos los viajes de su hijo. Así dio a luz miles de veces en su mente angustiada a ese hijo que solo dio a luz una vez en carne y hueso. Lloró por él tan dulcemente que aún hoy hace llorar a los lectores después de tantos siglos. Sin embargo, a la misma madre que había llorado por él durante toda su vida, la lloró un solo día. La pena que intentó calmar razonando y acusando a su mente de debilidad no pudo aliviarla, relata, con la razón o ni siquiera con un baño: solo el sueño la extinguió. Recordando esto, no acudí junto a su eminencia ni le escribí de inmediato para no privarle demasiado pronto, como ya he explicado, del placer del duelo, ya que hay en el luto cierto, aunque infeliz, placer. Le concedí una noche ex profeso para que la dedicara con la ayuda divina a enjugar sus lágrimas, que, como le dije, no solo no condeno, sino que aplaudo vigorosamente siempre que, en mi opinión, les dé la medida y el límite adecuados. Como no tengo tiempo para escribir las muchas cosas apropiadas para un tema así, temiendo que pase una segunda noche llorando, y deseando poner fin a esta apresurada carta, ruego a su invencible espíritu que dirija su poder contra sí mismo y aleje con madura reflexión el deseo de llorar, que personalmente sé es muy fuerte. Al mismo tiempo, ruego a Aquel que, al morir por nuestros pecados, consoló a su apenada madre desde la cruz, que como otra fuente de consuelo y misericordia le consuele en la muerte de su madre.

WOLFGANG AMADEUS MOZART
A JOSEPH BULLINGER

«Cuando vi que su vida corría peligro, solo le pedí a Dios dos cosas: una muerte feliz para mi madre, y fuerza y valor para mí».

París
3 de julio de 1778

Mi queridísimo amigo:

Esta carta va dirigida exclusivamente a usted.

Llore conmigo la muerte de un ser querido, amigo mío. Este ha sido el día más triste de mi vida. Le estoy escribiendo a las dos de la madrugada. He de decirle que mi madre, mi querida madre, ¡ha dejado de existir! Dios se la ha llevado consigo. He visto con toda claridad que Dios quería tenerla a su lado y, en consecuencia, me he entregado a la voluntad divina. Él me la había dado y, por lo tanto, también estaba capacitado para quitármela. Imagínese las inquietudes, los temores y las preocupaciones que he padecido estas dos últimas semanas. Murió sin ser consciente de sí misma; se fue apagando como una vela. Tres días antes se había confesado, había comulgado y había recibido los santos óleos. Los tres últimos días, sin embargo, deliraba continuamente, pero hoy, a las cinco y veintiún minutos de la tarde, ya estaba en las últimas; había perdido toda percepción y todos los sentidos. Le apreté la mano, le hablé, pero ella no me veía ni me oía ni sentía nada. Así estuvo hasta que se despidió al cabo de cinco horas, es decir, a las diez y veintiún minutos de la noche. Nadie más que un buen amigo nuestro al que mi padre conoce, Haina, la vigilante y yo la acompañábamos. Hoy me resulta imposible describirle toda la enfermedad; sostengo la opinión de que tenía que morir, así lo ha querido Dios. Solo le pido que tenga la amabilidad de ir preparando a mi padre con mucha cautela para esta triste noticia. Yo le he escrito una carta, pero solo le he dicho que estaba gravemente enferma, y estoy a la espera de una respuesta que me sirva de orientación. ¡Dios conceda fuerza y valor a mi padre, amigo mío! En cuanto a mí, me siento confortado no solo ahora, sino desde hace bastante tiempo. Gracias a la infinita misericordia de Dios, lo he sobrellevado todo con serenidad y entereza. Cuando vi que su vida corría peligro, solo le pedí a Dios dos cosas: una muerte feliz para mi madre, y fuerza y valor para mí, y el Dios bondadoso oyó mi plegaria y me concedió con creces las dos gracias. De manera que a usted, mi buen amigo, le pido que cuide por mí de mi padre, dele valor para que no se lo tome demasiado a mal cuando llegue a sus oídos lo peor. También le encomiendo de todo corazón a mi hermana. Le ruego que vaya cuanto antes a su casa, pero no le diga todavía que mi madre está muerta; limítese a prepararla para la mala noticia. Haga lo que le parezca, utilice cualquier medio que esté a su alcance, de manera que yo pueda quedarme tranquilo y no tenga que esperar, en el peor de los casos, otra desgracia más. Cuide por mí de mi querido padre y de mi querida hermana. Le ruego que me responda en la mayor brevedad. Agradecido por sus desvelos, se despide de usted su más fiel y obediente servidor.

WOLFGANG AMADEUS MOZART

*Rue du gros chenet, vis à vis celle du croissant
à l'hôtel des quatre fils Aimont.*

LUDWIG VON BEETHOVEN A JOSEPH WILHELM VON SCHADEN

«¡Oh, nadie había más feliz que yo cuando aún podía pronunciar el dulce nombre de "madre" y ese nombre era escuchado! ¿A quién puedo llamar así ahora?».

15 de septiembre de 1787

Querido y noble amigo:

Tengo que confesarle que, desde que me fui de Augsburgo, mi alegría y, con ella, mi salud empezaron a verse resentidas. Cuanto más me acercaba a mi ciudad natal, más cartas recibía de mi padre acuciándome para que emprendiera el viaje más aprisa de lo habitual, ya que mi madre no se encontraba en buenas condiciones de salud, de manera que me apresuré tanto como me fue posible, pues también yo me hallaba indispuesto. El deseo de poder ver de nuevo a mi madre enferma fue lo que salvó todos los obstáculos que yo pudiera poner y me ayudó a superar las mayores desazones. Llegué a tiempo de ver a mi madre, si bien en un estado de salud muy lamentable. Tenía tisis, y finalmente murió hace unas siete semanas, después de padecer muchos dolores y penalidades. Para mí fue una madre bondadosa y digna de ser amada, así como mi mejor amiga. ¡Oh, nadie había más feliz que yo cuando aún podía pronunciar el dulce nombre de «madre» y ese nombre era escuchado! ¿A quién puedo llamar así ahora? ¿A las mudas imágenes que se le asemejan y que son fruto de mi imaginación? Desde que estoy aquí, tan solo he disfrutado de unas pocas horas venturosas; durante todo el tiempo he sido prisionero del asma, y mucho me temo que este pueda desencadenar una tuberculosis. A eso se añade la melancolía, que para mí es un mal casi tan grave como la propia enfermedad. Si tuviera a bien ponerse en mi situación, podría quizá tener la esperanza de obtener de usted el perdón por mi prolongado silencio. Pese a la extraordinaria cordialidad y benevolencia que tuvo al prestarme tres carolines en Augsburgo, me veo obligado a rogarle que siga prodigándome su indulgencia, pues el viaje me ha costado mucho dinero y aquí no tengo la menor esperanza de poder obtener ni lo más mínimo. Aquí en Bonn la suerte no me es propicia.

Con todo respeto,
su más obediente servidor y amigo,

L. V. BEETHOVEN

EMILY DICKINSON A SUS PRIMOS

«Se nos escapó de las manos como un copo de nieve arrastrado por el viento, y ahora forma parte de la deriva llamada "infinito"».

Noviembre de 1882

Queridos primos,—

Me hubiera gustado escribiros antes, pero la muerte de mamá casi aturde mi espíritu. He atendido algunas diligencias de amor, aunque he escrito de forma un tanto intuitiva. Poco quedaba ya de la tía que conocisteis. Se ratificó la gran misión del dolor —cultivado hasta la ternura por la persistente tristeza, de modo que murió una madre superior a la que hubiera fallecido de haberlo hecho antes. No hubo despedida terrenal. Se nos escapó de las manos como un copo de nieve arrastrado por el viento, y ahora forma parte de la deriva llamada «infinito». No sabemos dónde está, aunque muchos nos lo dicen. Creo que, de algún modo, seremos agasajados por nuestro Creador —que Aquel que nos dio esta notable tierra tiene el poder de sorprender aún más a aquello que Él ha creado. Más allá de eso, todo es silencio… Madre estaba muy hermosa cuando murió. Los serafines son artistas solemnes. La iluminación que solo llega una vez se detuvo en sus rasgos, y cuando la depositamos en la tumba parecía que ocultábamos una imagen; pero la hierba que recibió a mi padre bastará a su invitada, a la que pidió en el altar que lo visitara durante toda su vida. No puedo decir cómo es la Eternidad. Me rodea como si fuera el mar... Gracias por acordaros de mí. Recuerdo—palabra poderosa. «La que me has dado antes de la creación del mundo».*

Con cariño,

EMILY

---

* Juan, 17, 24 (*N. de la T.*)

GAETANO DONIZETTI
A ANTONIO DOLCI

Autor de la mayor obra musical dedicada a la madre, Viva la Mamma, *donde ensalza su potencia ilimitada y su amor incontenible, Gaetano Donizetti fue —¿quién lo diría al escuchar su canto lírico a la madre?— un hombre golpeado por las tragedias.*

«Tras enterarme ayer mismo también de la pérdida de mamá, estoy en tal estado de abatimiento que solo me recuperaré con el tiempo».

11 de febrero de 1836

¿Todo ha terminado, entonces? Si no tuviera una constitución tan fuerte que me asombra a mí mismo, yo también me uniría a los demás, y para siempre. Solo han pasado tres meses, y en tres meses he perdido a mi padre, a mi madre y a mi hija pequeña… Me quedaba un poco de fuerza para seguir adelante por el resultado de Belisario y por la Legión de Honor, pero tras enterarme ayer mismo también de la pérdida de mamá, estoy en tal estado de abatimiento que solo me recuperaré con el tiempo… Me han enviado la carta de Francesco desde Nápoles (ya que estoy aquí en cuarentena y me voy pasado mañana).

[GAETANO]

SIGMUND FREUD A MAX EITINGON

«La pérdida de una madre tiene que ser algo
muy extraño, diferente a todo lo demás, y debe
de despertar emociones difíciles de comprender».

Viena IX, Berggasse 19
1 de diciembre de 1929

Recibimos ayer su triste noticia con ese profundo dolor que por último se convierte en la comprensión de que un final repentino solo puede considerarse como una bendición, teniendo en cuenta la desesperanza de las previsiones. Me han encargado que le exprese a usted y a su familia nuestro más profundo pésame, y no voy a tratar de consolarle. La pérdida de una madre tiene que ser algo muy extraño, diferente a todo lo demás, y debe de despertar emociones difíciles de comprender. Mi madre todavía vive, y ella me cierra el camino hacia el ansiado descanso, hacia la nada eterna; de alguna manera no podría perdonarme si muriera antes que ella. Pero usted es joven; en realidad, todavía tiene por delante la mejor y más agitada década, de los cincuenta a los sesenta, y sus amigos tienen razones para esperar su pronta reconciliación con una desgracia que no sobrepasa los límites del destino humano medio. Confío en que su Mirra, con la que (como ya sabe) a veces discuto en mi mente, aprovechará también esta ocasión para mostrar su capacidad de ayuda y consuelo, como hace invariablemente en una emergencia.

Un cordial saludo, con la esperanza de verle pronto

SU FREUD

ÚLTIMA CARTA DE SAMUEL JOHNSON A SU MADRE, SARAH JOHNSON

**«Ha sido la mejor madre del mundo,
y creo que la mejor mujer».**

20 de enero de 1759

Querida y respetada madre:

Ni su estado ni su carácter me permiten decir mucho.
Ha sido la mejor madre del mundo, y creo que la mejor
mujer. Le agradezco su indulgencia para conmigo, y le pido
perdón por todo lo que he hecho mal, así como por todo lo
que he omitido hacer bien. Que Dios le conceda su Espíritu
Santo y la reciba en la felicidad eterna, por el amor de Jesu-
cristo. Amén. El Señor Jesús reciba su espíritu. Amén.

Soy, queridísima madre,
su devoto hijo,

SAM. JOHNSON

HARRIET BEECHER STOWE A SU HERMANO, CHARLES BEECHER

«Recuerdo haber soñado una noche que mamá se encontraba bien, y haberme despertado dando muestras de gran alegría».

Tenía entre tres y cuatro años cuando murió nuestra madre, y los recuerdos personales que tengo de ella son, por tanto, escasos. Pero el profundo interés y la veneración que inspiraba a cuantos la conocían eran tales que durante toda mi infancia oí hablar sin cesar de ella, y de uno u otro amigo me llegaba constantemente algún incidente o anécdota de su vida.

Mamá era una de esas personas con una fuerte naturaleza, reposada y a la vez muy empática, en la que todo el mundo parecía encontrar consuelo y reposo. La comunión entre ella y mi padre era peculiar. Era una intimidad que abarcaba toda la gama de su ser. No había mente humana en cuyas decisiones él confiara más. Tanto intelectual como moralmente, la consideraba como la mejor parte de sí mismo, así como la más fuerte; y recuerdo haberle oído decir que, tras su muerte, su primera sensación fue una especie de terror, como el de un niño que de repente se queda solo en la oscuridad.

En mi propia infancia, solo dos incidentes de mi madre brillan como rayos en la oscuridad. Uno de ellos fue cuando, un sábado por la mañana, todos corrimos y bailamos delante de ella desde el cuarto de juegos hasta el salón, y su agradable voz decía tras nosotros: «Recordad que el domingo es un día sagrado, niños».

Otro recuerdo es el siguiente: madre era una horticultora entusiasta en todos los pequeños aspectos que los medios limitados le permitían. Su hermano John, de Nueva York, acababa de enviarle un pequeño paquete de bellos bulbos de tulipán. Recuerdo que hurgué en ellos en un oscuro rincón de la habitación de juegos un día en el que ella había salido; convencido de que eran buenos para comer, utilicé el poco inglés que entonces poseía para persuadir a mis hermanos de que eran cebollas como las que comían los adultos y que serían muy buenas para nosotros. Así que nos pusimos a devorarlas todas, y recuerdo que me decepcionó un poco el extraño sabor dulzón, y que pensé que las cebollas no eran tan buenas como había supuesto. Entonces apareció el rostro sereno de mamá en la puerta de la sala de juegos y todos corrimos hacia ella, contando con una sola voz nuestro descubrimiento y logro. Habíamos encontrado una bolsa de cebollas y nos las habíamos comido todas.

Recuerdo también que no hubo ni siquiera una momentánea expresión de impaciencia, sino que se sentó y dijo: «Mis queridos niños, lo que habéis hecho hace que mamá se sienta mal. Eso no eran cebollas, sino raíces de hermosas flores, y si las hubierais dejado en paz el verano que viene tendríamos en el jardín grandes y hermosas flores rojas y amarillas como nunca antes habéis visto». Recuerdo lo decaídos y desanimados que nos quedamos ante esta imagen, y lo tristes que miramos la bolsa de papel vacía.

También me acuerdo de que leía en voz alta a los niños el libro *Frank* de la señorita Edgeworth, que acababa de salir a la venta, creo, y que suscitaba mucha atención en los círculos educativos de Litchfield. Después vino una época en la que todo el mundo decía que estaba enferma, y a mí se me permitía ir una vez al día a su habitación, donde estaba sentada en la cama. Tengo la visión de un rostro muy blanco con una mancha roja brillante en cada mejilla y su sonrisa tranquila. Recuerdo haber soñado una noche que mamá se encontraba bien, y haberme despertado dando muestras de gran alegría, acalladas por alguien que entró en la habitación. Mi sueño era verdad. Estaba bien para siempre.

Luego vino el funeral. Henry era demasiado pequeño para ir. Puedo ver sus rizos dorados y su pequeña levita negra mientras retozaba al sol como un gatito, lleno de ignorante alegría.

Recuerdo los vestidos de luto, las lágrimas de los niños mayores, la caminata hasta el cementerio y las palabras de alguien ante la tumba. Luego todo terminó, y nosotros, los pequeños, a los que nos resultaba tan confuso, preguntamos adónde se había ido y si volvería alguna vez.

Nos dijeron en un momento que la habían enterrado, y en otro que se había ido al cielo. Entonces Henry, juntando las dos cosas, resolvió cavar en la tierra e ir al cielo a buscarla; pues al ser descubierto una mañana bajo la ventana de la hermana Catherine cavando con gran celo y seriedad, ella le preguntó qué estaba haciendo. Levantando su rizada cabeza, respondió con gran sencillez: «Me voy al cielo a buscar a mamá».

Aunque la presencia corporal de nuestra madre desapareció así de nuestro círculo, creo que su recuerdo y su ejemplo tuvieron más influencia a la hora de moldear a su familia, para disuadirla del mal y estimularla a hacer el bien, que la presencia viva de muchas madres. Era una remembranza que nos encontraba en todas partes, porque todas las personas del pueblo, desde las de más elevada posición hasta las de más baja, parecían estar tan impresionadas por su carácter y su vida que constantemente reflejaban alguna parte de ella en nosotros.

El pasaje de *La cabaña del tío Tom* en el que Augustine St. Clare describe el influjo de su madre es una simple reproducción de la influencia de la mía tal y como se ha sentido siempre en nuestra familia.

[HARRIET]

Muerte del vástago:
última carta antes de fallecer

ÚLTIMA CARTA DE ARTHUR RIMBAUD
A SU MADRE, VITALIE RIMBAUD

«Peligro de muerte».

[Telegrama a su madre]
Marsella, 22 de mayo de 1891, 2h 50 de la noche

Hoy tú o Isabel venid a Marsella en tren exprés lunes por la mañana me amputan la pierna peligro de muerte solucionar asuntos serios hospital Conception
Responder

ARTHUR RIMBAUD

ÚLTIMA CARTA DE GUY DE MAUPASSANT A SU MADRE, LAURE LE POITTEVIN

«Paseo soberbio hoy».

[Telegrama]
[De Cannes a Niza,
19 de noviembre de 1891]

NIZA CANNES 71 22 19 6 hrs
= ESTOY MUY BIEN TE ESCRIBIRÉ MAÑANA PASEO
SOBERBIO HOY = MAUPASSANT

ÚLTIMA CARTA DE MARÍA ANTONIETA A SU MADRE, MARÍA TERESA I DE AUSTRIA

«Oh, mi querida madre, no ahorre sus consejos a sus desdichados hijos».

10 de mayo de 1774

Señora, mi querida madre:

¡Que Dios vele por vos! El rey ha dejado de existir a mediodía, desde la madrugada del 8 su estado no hizo más que empeorar. Ayer pidió la extremaunción, que recibió con unos sentimientos de piedad admirable; conservó toda la consciencia y la presencia de espíritu durante toda la enfermedad, con una valentía inaudita. Dios mío, qué será de nosotros, el Delfín y yo estamos aterrados por reinar tan jóvenes. Oh, mi querida madre, no ahorréis vuestros consejos a vuestros desdichados hijos.

MARÍA ANTONIETA

ÚLTIMA CARTA DE JULIA CONESA, UNA DE LAS TRECE ROSAS, A SU MADRE, DOLORES

«Adiós, madre querida, adiós para siempre».

5 de agosto de 1939

Madre, hermanos, con todo el cariño y entusiasmo os pido que no me lloréis nadie. Salgo sin llorar. Cuidad a mi madre. Me matan inocente, pero muero como debe morir una inocente. Madre, madrecita, me voy a reunir con mi hermana y papá al otro mundo, pero ten presente que muero por persona honrada.

Adiós, madre querida, adiós para siempre. Tu hija, que ya jamás te podrá besar ni abrazar. Besos para todos, que ni tú ni mis compañeros lloréis.

Que mi nombre no se borre en la historia.

Julia Conesa

ÚLTIMA CARTA A SU MADRE
DEL KAMIKAZE JAPONÉS
ICHIZŌ HAYASHI

«Golpe seguro».

11 de abril de 1945

Si bien he estado diciendo que hoy es el día, hoy es el día, también el día 11 ha pasado. Me pregunto si mi aspecto parecía elegante en el puesto de mando. De entre varios hombres que se encontraban allí, un miembro del equipo de prensa fotografió especialmente a dos o tres de nosotros.

Después, el comandante en jefe de la Flota Combinada se desvió de su camino para visitar nuestro cuartel y nos ofreció palabras de ánimo: «Por favor, hacedlo lo mejor que podáis». Pensando que el destino del Imperio descansa sobre nuestros hombros, nos hizo sentir verdaderamente agradecidos por los innumerables honores. Mañana llevaré a cabo un ataque *hisshi hitchū* [golpe seguro].

Madre, he escrito sobre cosas generales, ¿no? Hoy me reuní con amigos alrededor del órgano de la escuela y cantamos himnos.

El dolor comunicado a la madre

EUGENIA DE MONTIJO A SU MADRE, MARÍA MANUELA KIRKPATRICK, SOBRE LA MUERTE DE SU HIJO, NAPOLEÓN

«Nada puede reemplazar al hijo que era toda mi vida».

Camden Place, Chislehurst
8 de septiembre de 1879

Mi querida mamá:

Más pronto o más tarde hay que irse. Cuanto antes mejor para aquellos cuyos muertos son más numerosos que las afecciones de esta tierra. Aquí solo te tengo a ti. Allá, son numerosos.

Sin que te enfades por ello, puedo desear ir a reunirme con ellos, y a tu vez, ya vendrás con nosotros. Nada puede reemplazar al hijo que era toda mi vida desde 1870. Ni un pensamiento que no fuera para él: vivíamos en nuestra soledad con esta idea. No tenía distracciones, ni amigos: todo era para él, y él lo era todo para mí. El dolor no me hace perder la cabeza; pero al verlo todo destrozado, todo aniquilado, es natural que se desborde mi corazón, cuando me veo frente a mi dolor.

Si te he hecho sufrir, lo siento; pero no me pasa por la

imaginación la idea del apego a la vida, y comprendería
perfectamente que a ti te pasase lo mismo.

Te beso tiernamente. Tu hija afectísima,

Eugenia

ALPHONSE DE TOULOUSE-LAUTREC A SU MADRE, GABRIELLE, SOBRE LA MUERTE DE SU HIJO, HENRI DE TOULOUSE-LAUTREC

El conde Alphonse, padre de Toulouse-Lautrec, escribió esta carta a Gabrielle, su madre —y, por tanto, abuela del pintor—, en la noche de la muerte de su hijo.

«Es muy duro ver cómo se invierte el orden de la naturaleza».

Malromé
9 de septiembre de 1901

Ah, querida mamá, cuántas tristezas. Dios no ha bendecido nuestra unión. Que así sea su voluntad, pero es muy duro ver cómo se invierte el orden de la naturaleza. Estoy impaciente por estar contigo después del triste espectáculo de la larga agonía de mi pobre hijo, tan inofensivo, que nunca tuvo para su padre una palabra amarga. Compadécete.

ALPHONSE

XVIII

EL DUELO INCONSOLABLE, IMPOSIBLE TRAS LA MUERTE DE LA MADRE

Si el amor por alguien se midiera por el dolor que provoca su desaparición, las cartas de las personas golpeadas por la desdicha de haberse convertido en huérfanas de madre confirmarían su lugar central, único e irremplazable. Tras el horror del fallecimiento, empieza un largo letargo para hacer el duelo del origen de la vida y del amor: la madre fallecida.

MARCEL PROUST A SU AMIGO
MAURICE BARRÈS

**«Con qué fuerza siento esas angustias,
ahora que sé que nada podrá calmarlas».**

Enero de 1906

Toda nuestra vida no fue más que una preparación, ella enseñándome a vivir para cuando ella faltara, y esto desde la infancia, cuando se negaba a venir diez veces a darme las buenas noches antes de salir, al ver que se la llevaba el tren cuando me dejaba en el campo, cuando más tarde en Fontainebleau y este mismo verano en que fue a Saint-Cloud y yo la llamaba a todas horas con cualquier excusa. Esas angustias que acababan con cualquier palabra por teléfono, o su visita a París, o un beso, con qué fuerza las siento ahora que sé que nada podrá calmarlas.

SOLANGE SAND SOBRE EL DUELO POR SU MADRE, SIETE AÑOS DESPUÉS DE SU FALLECIMIENTO

«El espanto de esta ausencia implacable nos hiela».

[A un amigo]
1883

Es una situación delicada, los años se acumulan y nos embarga el inmenso vacío de esa gigantesca personalidad desaparecida. Una tristeza lúgubre e inconmensurable ocupa esta casa, este jardín, estos prados. Esperamos verla detrás de cada puerta. Al volver de cada salida, nos decimos: ¿dónde está? ¿Por qué no viene? Sobre todo, por las noches, en esta terraza, y a lo largo de esta avenida del pabellón, cuando se cierne la sombra sobre el resplandor incierto de la luna, nos imaginamos que por fin va a aparecer, en busca de una mariposa o de su flor preferida. Una espera atroz que sabemos que es vana. Entonces, el espanto de esta ausencia implacable nos hiela. El corazón se estremece con angustia y reproches, en la desesperación de la nada implacable en la que se ha sumergido un ser tan precioso, un alma tan vasta y elevada. Un ser perdido para siempre, un genio desaparecido para siempre. Nohant tiene el ánimo lúgubre. Nohant sin George Sand es como un río sin agua, un prado sin sol, una montaña sin bosque, una cosa material, bastante fea, sin poesía, sin atractivo, sin nada que pueda soportar un sufrimiento incesante y cruel.

H. P. LOVECRAFT A RHEINHART KLEINER SOBRE EL DUELO POR SU MADRE, SARAH SUSAN PHILLIP

«La conmoción me afectó la garganta y los nervios motores, de modo que no podía comer mucho, ni ponerme de pie ni caminar con facilidad».

12 de junio de 1921

Psicológicamente, soy consciente de una enorme falta de sentido y de la incapacidad para interesarme por los acontecimientos; un fenómeno que se debe, en parte, al hecho de que gran parte de mi anterior interés por las cosas consistía en discutirlas con mi madre, en saber su opinión y garantizar su aprobación. Este duelo descentra la existencia: mi esfera ya no posee un núcleo, puesto que ya no queda ninguna persona especialmente interesada en lo que hago, o en si estoy vivo o muerto. Sin embargo, la inevitabilidad de estas catástrofes hace que las lágrimas y los lamentos clamorosos no solo sean inútiles, sino también pueriles y vulgares. Mi madre ha obtenido exactamente lo que más deseaba —el olvido total y la inexistencia—, de modo que el dolor debe ser necesariamente por mí mismo y no por ella. Me mantengo lo más activo posible —en la condición de aficionado— y por fuera parezco el de siempre; ya que nunca revelo mis emociones, sino que prefiero mostrarme tranquilo o un tanto satírico. Fui incapaz de vestirme durante un tiempo, o de andar por ahí; la conmoción me afectó la garganta y los nervios motores, de modo que no podía comer mucho, ni ponerme de pie ni caminar con facilidad; pero incluso entonces estaba libre de toda manifestación emocional. Como seguía paralizado, en bata y zapatillas —cada vez más activo con la pluma, pero inerte físicamente—, mis tías se esforzaron por despertarme para que cambiara algo de mi recluida monotonía, e insistieron en que respondiera a una invitación que había recibido un mes antes, para visitar a una nueva integrante de la United, sumamente erudita y brillante: la señorita M. A. Little [...], una antigua profesora universitaria que ahora se iniciaba como autora profesional, en Hampstead, New Hampshire, cerca de Haverhill, Massachusetts. Al final lo hice, como ya sabes por la tarjeta postal enviada desde este último lugar.

H. P. LOVECRAFT A ANNE TILLERY RENSHAW SOBRE EL DUELO POR SU MADRE, SARAH SUSAN PHILLIP

«Mi madre era, con toda probabilidad, la única persona que me entendía de verdad».

1 de junio de 1921

La muerte de mi madre, ocurrida el 24 de mayo, me provocó una extrema crisis nerviosa, y me resulta imposible concentrarme y realizar un esfuerzo continuado. Me mantengo, por supuesto, sumamente impasible, y no lloro ni me entrego a ninguna de las lúgubres manifestaciones del vulgo; pero el efecto psicológico de un desastre tan inmenso e inesperado es, sin embargo, considerable, y no puedo dormir mucho, ni trabajar con particular éxito o espíritu.

A pesar de la enfermedad nerviosa de mi madre y de su estancia en un sanatorio durante dos años, la fatal enfermedad fue del todo diferente y no guardaba relación alguna: un problema digestivo de aparición repentina que requirió una operación. No se preveía ningún resultado grave hasta el mismo día antes de la muerte, pero entonces se hizo evidente que solo sobreviviría una constitución fuerte. Mi madre, que nunca fue fuerte ni vigorosa, no pudo recuperarse. El resultado es causa de un gran y profundo dolor, aunque para mi madre solo fue un alivio del sufrimiento nervioso. Durante dos años no deseó otra cosa, como yo mismo deseo el olvido. Al igual que yo, era agnóstica y no creía en la inmortalidad, y deseaba la muerte sobre todo porque significaba paz y no una eternidad de aburrida conciencia. Por mi parte, no creo que vaya a esperar una muerte natural, puesto que ya no hay ninguna razón en especial para que yo exista. En vida de mi madre yo era consciente de que la eutanasia voluntaria por mi parte le causaría angustia, pero ahora me es posible regular el término de mi existencia con la seguridad de que mi final no causará a nadie más que una molestia pasajera; por supuesto, mis tías son infinitamente consideradas y solícitas, pero la muerte de un sobrino rara vez es un acontecimiento trascendental.

Es posible que encuentre suficientes cosas interesantes para leer y estudiar que justifiquen mi permanencia indefinida, pero no tengo la intención de soportar el aburrimiento más allá de cierto límite. Es mejor ser como uno era en la eternidad antes de nacer. Mi madre era, con toda probabilidad, la única persona que me entendía de verdad, con la posible excepción de Alfred Galpin. Era una persona con un encanto y una fortaleza de carácter poco habitual, consumada en la literatura y las bellas artes; una erudita francesa, música y pintora al óleo. No es probable que vuelva a encontrarme con una mente tan admirable.

Yo creía volver a verla; mis gentes han vivido mucho y ella era de raíces vascas, que son muy tercas en el durar. Me había dado a mí mismo dos años más de Europa, por la lengua, por el bien de ordenación que Europa hace, y un poco también por escamotearme a esta hora indecisa de Chile que aún no consigo entender cabalmente. Nunca deberíamos tener planes, nada cuajado en esta nata de la vida que se rompe en cualquier parte y con la que no caben las resoluciones. Ya no vuelvo a verla, y yo que tengo del cielo no una, sino muchas visiones contradictorias, no sé si alcanza en alguna parte eso que llama la Iglesia su cuerpo glorioso.

Alguna vez rece usted por ella, mi amigo, aun cuando no la vio nunca. Era una criatura donosa, llena de simpatía, de españolidad y de gracia. Su cristianismo era de los felices, de los sin sangre, y una fiesta su manera de creer. Ahora ella necesita, de mí y de mis amigos, ayuda en sus pasos primeros de desconcierto y tal vez de tribulación, en eso que llamamos con tanta sencillez ingenua, la otra vida. Yo le pido eso como el mejor recuerdo de mí y el más lindo regalo que pudiera hacerme.

GABRIELA MISTRAL A UN AMIGO SOBRE LA MUERTE DE SU MADRE, PETRONILA ALCAYAGA

«Me siento como las plantas de agua cuando se les corta el pobre péndulo y van y vienen».

Santiago
Mayo de 1946

Sí, mi amigo, se me fue mi linda viejecita, que a esta distancia vertiginosa, y aun cuando apenas tenía ya luces de conocimiento, así y todo, era para mí una razón verdadera de vivir y una confortación profunda y hasta misteriosa. Ella era una especie de subsuelo mío, de donde me venía fuerza y no sé qué nobleza esa nobleza de tener madre, que en las gentes se conoce en cosas imperceptibles pero ciertas. Me siento como las plantas de agua cuando se les corta el pobre péndulo y van y vienen; y me siento desposeída de esta dignidad que da un arrimo de este tamaño, especie de vagabunda que no tiene más que el aire y la luz en este pobre mundo. No le hago metáforas, mi amigo. De norte a sur y luego de este a oeste, yo viví con mi madre poco tiempo... pero así, lejos de ella, así sabiéndola con su juicio a medias, ella seguía siendo en este mundo, que se me desmigaja y que me parece mentira tantas veces, la piedra de talla a que una se coge para no sentir el vértigo. En verdad, se me había ido hacía mucho tiempo; pero me había dejado esta ilusión de su pequeño cuerpo, que tenía atingencia con lo terreno y por este hecho me acompañaba; un mito de ella misma consentido para mí.

Yo creía volver a verla; mis gentes han vivido mucho y ella era de raíces vascas, que son muy tercas en el durar. Me había dado a mí mismo dos años más de Europa, por la lengua, por el bien de ordenación que Europa hace, y un poco también por escamotearme a esta hora indecisa de Chile que aún no consigo entender cabalmente. Nunca deberíamos tener planes, nada cuajado en esta nata de la vida que se rompe en cualquier parte y con la que no caben las resoluciones. Ya no vuelvo a verla, y yo que tengo del cielo no una, sino muchas visiones contradictorias, no sé si alcanza en alguna parte eso que llama la Iglesia su cuerpo glorioso.

Alguna vez rece usted por ella, mi amigo, aun cuando no la vio nunca. Era una criatura donosa, llena de simpatía, de españolidad y de gracia. Su cristianismo era de los felices, de los sin sangre, y una fiesta su manera de creer. Ahora ella necesita, de mí y de mis amigos, ayuda en sus pasos primeros de desconcierto y tal vez de tribulación, en eso que llamamos con tanta sencillez ingenua, la otra vida. Yo le pido eso como el mejor recuerdo de mí y el más lindo regalo que pudiera hacerme.

NOTA BENE SOBRE ESTA EDICIÓN

Las cartas a la madre deberían formar un elenco aparte de todo; al margen de todos los textos, de toda la literatura, de todas las cartas, de las páginas y de los ríos de tinta dedicados a la madre. No solo por ilustrar como ningún otro documento escrito el abanico de las vivencias, las emociones y los sentimientos de cada hija e hijo —porque seguimos siendo, a comienzos del siglo xxi, hijos e hijas de una madre—, sino porque estas cartas se encuentran en una triple encrucijada: un cruce único, irrepetible e incomparable.

Las cartas a la madre no son un subgénero epistolar más ni una simple digresión de la literatura dedicada al amor materno, sino que quizá son el fruto de una coincidencia excepcional, lo que explicaría la cúspide emocional, literaria y humana que alcanzan. Si según el filósofo Jacques Derrida, «la carta, la epístola, [...] no es un género sino todos los géneros, la literatura misma»,[1] la temática materna redobla esta dimensión del origen para convertir las cartas a la madre en la propia raíz de la escritura vertida desde y sobre el origen mismo de la vida. En este sentido, ningún otro tipo de carta alberga esta capacidad de emoción, ni siquiera las cartas de amor, de exilio, de gloria o de terror, porque toda esta dramaturgia está ya contenida *ipso facto* en el acontecimiento del nacer, y toda la tinta que fluye después aumenta la luz de la madre como faro absoluto de la existencia.

Pero quizá el aspecto más deslumbrante de las cartas a la madre sea el amor que corre por sus venas, cuya expresión queda limitada en este libro a la perspectiva de su descendencia. Si cada mujer es un mundo aparte —todas diferentes, madres o no, nacidas con o sin útero—, de la misma manera cada madre es singular,

---

1. Jacques Derrida, *La tarjeta postal. De Sócrates a Freud y más allá*, Siglo xxi, 2001.

única e inconfundible; pero a la vez todas las madres y cada persona que ejerce de madre son LA MADRE: absoluta, mítica, universal.[2] Quizá ninguna otra figura pueda encarnar tanto a un mito como lo hace la madre; desde Deméter y Atenea hasta las nuevas madres, solteras o en uniones creativas y novedosas. Todas las madres son la madre, sin que cada mujer tenga que ser madre: esta posibilidad, cumplida o no, participa de su ser en el mundo y de su existencia como mujer. Y para el futuro ser, tener a su madre le instala en esta dimensión vital y determinante de la existencia, vivida en las carnes de la madre: la recepción del amor.

Las cartas a la madre reúnen, pues, un triple origen: origen de la literatura, origen de la vida y origen del amor. Con todas las consecuencias maravillosas o terribles de este acontecimiento único que es el amor de una madre, reflejado aquí en los sentimientos epistolares de sus vástagos. Como escribe Romain Gary: «Con el amor materno, la vida te hace al alba una promesa que jamás cumple».[3]

La madre es eterna, armada de esa potencia que no le disputa nadie, ni la paternidad clásica, ni las nuevas masculinidades, ni tampoco las múltiples combinaciones amorosas de personas transgénero, de género fluido o no binarias, que buscarán nuevas formas de hacer de madre con su descendencia.

¿Se podría considerar el vínculo materno el más sólido de la vida? Si bien la relación de la descendencia con el padre se rompe con frecuencia —y ahí está Freud para recordárnoslo—, muy pocas rupturas drásticas con la madre han trascendido a lo largo de la historia. En realidad suele pasar más bien todo lo contrario: se crea con ella un apego que no hay arma u obstáculo que lo dinamite o lo disminuya.

---

2. El estupor del pediatra y antropólogo Aldo Naouri al descubrir, tras treinta años de trabajo médico, la aparición de LA MADRE ilustra bien su dimensión mitológica y real a la vez (*Ma mère*, Odile Jacob, 2021).

3. Romain Gary, *La promesa del alba*, Debolsillo, 2020.

¿Cómo definir la esencia diferencial común a las madres?[4] Desde la historia, la medicina y las ciencias humanas, múltiples son las respuestas: la historia de deseo inconsciente de la madre; el supuesto instinto maternal; la gestación que implica la convivencia en su útero de una criatura que depende absolutamente de la mujer embarazada;[5] la constitución de un ser humano completo en y con ella, desde su cuerpo hasta su vida más insospechada; y esa relación dual entre la mujer devenida madre y su descendencia, que hasta el primer año de vida no alcanza a descifrar otro rastro de existencia que no sea la madre. Durante el embarazo, después del parto y durante el año inaugural de la criatura recién nacida, el mundo se reduce en exclusiva a la vida con y desde el cuerpo, los cuidados y el amor de la madre; ningún otro vínculo —ni el paterno ni el amor posterior, ni siquiera el amor de hija— podrá jamás competir con el vínculo maternal. Aunque no sea siempre el más sólido ni el más espectacular (no todas las madres son efusivas), es sin duda la matriz de todos los demás vínculos (padre, amistades y amores incluidos). Tanto es así que cortar con la madre sería como un auto de fe, un acto suicida que no llevaría más que a una vida deteriorada, disminuida, privada de su origen y de la fuente primeriza del amor esencial. Para los varones, como apuntaba Romain Gary en la cita anterior, será el parangón con el que se medirán todas las demás relaciones amorosas. Las mujeres —hijas y quizá futuras madres—, con independencia de su identidad de género y orientación sexual, se salvan del imperio del amor materno al buscar y encontrar otro amor, no fundamentado en el modelo materno.[6] Y para las personas que no se reconocen en esta dualidad de género, la impronta materna será quizá aún más la

4. Siguiendo la estela de Hélène Cixous (*La risa de la medusa*, Anthropos, 2013) y de Luce Irigaray (*Ser dos*, Paidós, 1999), entre muchas otras.

5. Antoinette Fouque, *Qui êtes-vous, Antoinette Fouque? Entretiens avec Christophe Bourseiller*, Des Femmes, 2009.

6. Jacques Lacan, *Encore*, Le Seuil, 2016.

impronta de la fundación del amor que bendiga la libertad absoluta reconocida y conquistada.

Sin entrar en las relaciones que rozan lo patológico —que apenas se esbozan en este libro (en el capítulo «La madre como enfermedad»)—, en este mundo líquido, de sangre y furor, crisis y catástrofes permanentes, la madre sigue siendo ese pilar misterioso, maravilloso e irrebatible. A pesar de los importantes cambios en nuestra civilización que nos han tocado vivir a comienzos del siglo XXI, la madre sigue brillando como quizá la última referencia de una época que se acaba: el origen de la unidad familiar, la imagen aún viva de una fuerza, de una emoción y de un amor incomparables y necesarios para los millones de niños y niñas criados en sus brazos. Aunque el fin del heteropatriarcado traiga consigo la demolición de las familias convencionales, el auge de las vidas solteras, las madres de alquiler, el útero artificial,[7] los nuevos amores[8] y los núcleos familiares recompuestos a lo largo de la vida, hasta ahora todas y todos aún hemos nacido de un cuerpo femenino y la mayoría fuimos criados por una madre, con todas las debidas excepciones. Las nuevas tecnologías, las madres solteras y el cambio de paradigma de los padres solteros, así como los nuevos modelos de relación anuncian una era desconocida en cuanto a nuevas formas de maternidad, de embarazo y parto tecnológicos, crianzas múltiples, roles educativos y relaciones posiblemente diferentes con su descendencia.

Pero hasta que se acabe esta revolución general de la familia, la madre, a diferencia del padre —atacado y criticado desde casi siempre—, conserva su aura mágica, su estela perpetua y su esplendor imperecedero. Sobre todo y aún más en los países del Mediterráneo, donde la mamá es una institución omnipresente, cen-

7. Henri Atlan, *L'utérus artificiel*, Points Seuil, 2007.

8. Zygmunt Bauman, *Amor líquido. Sobre la fragilidad de los vínculos humanos*, Paidós, 2018; Byung-Chul Han, *La agonía de eros*, Herder, 2021.

tral y crucial en la vida social; capaz, como en la ópera de Donizetti, *Viva la Mamma*,[9] de exigir trabajo para su hija; de plantar cara a los nazis, según Brecht;[10] y sobre todo capaz de dar su vida y su amor por su descendencia, lo que la sitúa en las antípodas de la sociedad de la hiperproductividad, de las relaciones fantasmagóricas y del apocalipsis en la que vivimos. Las madres humanizan, educan y dan una dimensión esencial a la vida, sin la cual no seríamos personas. ¡Valga esta nota como muestra de gratitud y fascinación por todas ellas, así como de pasión por las huellas epistolares que ha esparcido la divina Madre a lo largo de su vida inmensa!

Por último, pero no menos importante, cabe destacar que la lengua materna es otro gran regalo que nos hace la madre, otorgándonos el mar lingüístico por donde movernos a gusto durante toda la vida. Por lo tanto, las cartas dirigidas a ella y escritas por su descendencia son el justo homenaje a su obra necesaria, fundamental e incomparable.

9. <https://www.universaledition.com/gaetano-donizetti-178/works/viva-la-mamma-5686>.
10. Bertold Brecht, *Madre coraje*, Alianza, 2012.

AGRADECIMIENTOS

Este libro debe su existencia a un encuentro entusiasta y apasionado en torno a la riqueza del corpus epistolar entre mis editores, Berta y Gonzalo, y mis queridos agentes, el gran equipo de Editabundo: Pablo Álvarez, María Jesús Fernández, David Álvarez y David del Alba. Hacia cada una de estas personas quiero expresar mi profunda gratitud ya que, sin ellas, este libro no habría sido posible. Este libro tampoco existiría sin el aura y el amor de mi maravillosa pareja, Marisa, cuya vivencia como madre pude comprender mucho mejor gracias a toda la labor preparatoria de esta edición. Por último, quiero dar gracias infinitas, ¡cómo no!, a mi madre y también a mi padre, quienes —separados por un idioma y una frontera— han demostrado un apoyo y una ilusión inmensos hacia esta descendencia mía. *Last but not least*, quiero expresar mi agradecimiento a las infinitas mujeres —madres o no— que elevan el mundo, humanizan la Tierra e iluminan nuestra vida. Ellas fueron, son y serán mis fuentes permanentes de asombro, admiración y agradecimiento. Deseo que este libro les devuelva algo de su grandeza y de su luz.

BIBLIOGRAFÍA

Libros y webs de referencia:

Ashbrook, William, *Donizetti and His Operas*, Cambridge University Press, 1983.

Balzac, Honoré de, *Correspondance complète*, Gallimard, 2017.

Baudelaire, Charles, *Correspondance complète*, Gallimard, 1973.

—, *Lettres à sa mère*, Macula, 2017.

Beecher Stowe, Harriet, *Letters, 1844 to 1860*, <https://history.ha nover.edu/texts/stowe-hb.html>.

Beethoven, Ludwig van, *Correspondance complète, Les Lettres*, Actes Sud, 2010.

Bodin, Thierry y Claude Schopp (eds.), *Correspondance. George Sand et Alexandre Dumas père et fils*, Phébus, 2019.

Bonaparte, Napoleón, *Oeuvres complètes*, Fayard, 2005.

Bredsdorff, Elias, *Hans Christian Andersen: The Story of His Life and Work. 1805-75*, Noonday Pr, 1994.

Burdiel, Isabel, *Isabel II: Una biografía (1830-1904)*, Taurus, 2009.

Byron, Lord, *The Letters*, Palala Press, 2015.

Chéjov, Antón, *Vivre de mes rêves : Lettres d'une vie*, Robert Laffont, 2016.

Chopin, Frédéric, *Correspondance*, Hermann, 1981.

De Montijo, Eugenia, *Cartas familiares de la emperatriz Eugenia*, Barcelona, Iberia, 1944.

Del Río, Nacho, «La carta que Julia Conesa (Trece Rosas) escribió horas antes de ser fusilada: "Muero como debe de morir una inocente"», LaSexta, <https://www.lasexta.com/noticias/na cional/carta-que-julia-conesa-trece-rosas-escribio-horas-an tes-ser-fusilada-muero-como-debe-morir-inocente_2020080 55f2a80ab18316d0001ed1f4e.html>, 5 de agosto de 2020.

Delacroix, Eugène, *Lettres d'Eugène Delacroix à divers*, <https://

bibliotheque-numerique.inha.fr/collection/item/6323-lettres-d-eugene-delacroix-a-divers?offset=19>.

Dickinson, Emily, *The Letters of Emily Dickinson*, Harvard University Press, 1958.

Dostoievski, Fiódor, *Correspondance complète*, Bartillat, 1998.

Farina, Marie-Paule, *Sade et ses femmes*, Les Pérégrines, 2016.

Flaubert, Gustave, *Correspondance complète*, Gallimard, 2007.

Flores, Rafael, *Carlos Gardel: La voz del tango*, Alianza, 2003.

Franco, Veronica, *Poems and Selected Letters*, University of Chicago, 1999.

Freud, Sigmund, *Obras completas*, Amorrortu Editores, 2013.

García Lorca, Federico, *Epistolario completo,* Cátedra, 1997.

Gramsci, Antonio, *Lettere dal carcere*, Einaudi, 2014.

Green, John, *Engels: A Revolutionary Life: A Biography of Friedrich Engels*, Artery Publications, 2008.

Hernández, Miguel, *Obras completas*, Galaxia Gutenberg, 2008.

Hölderlin, Friedrich, *Correspondance complète*, Gallimard, 1946.

Hourly History, *Louisa May Alcott: A Life from Beginning to End*, 2020.

Huidobro, Vicente, *Obra completa*, Andrés Bello, 1976.

Johnson, Samuel, «Dr. Johnson's Last Letter to his Aged Mother», <https://www.bartleby.com/library/prose/2884.html>.

Joyce, James, *Selected Letters*, Faber & Faber, 2003.

Kafka, Franz, *Obras completas*, vol. IV; Galaxia Gutenberg, 2018.

Kamikaze Images, «Last Letters of Ensign Ichizō Hayashi to His Mother», <https://www.kamikazeimages.net/writings/hayashi-ichizo/>.

La Unión Ilustrada, «El día de la Madre», <http://hemerotecadigital.bne.es/issue.vm?id=0005482838&search&lang=es&page=7>, noviembre de 1925.

Lamartine, Marianne, <https://pierre-calvet.fr/lamartine-amour-filial-autographes>.

Lawrence, T. E., < https://telsociety.org.uk/9-may-1915/>.

Lever, Evelyne, *Marie Antoinette. Lettres d'une reine*, Points Seuil, 2006.

Lovecraft, H. P., *Selected Letters*, Arkham House Publishers, 1968.

Lovera De Sola, Roberto, *Simón Bolívar en el tiempo de crecer: Los primeros veinticinco años* (1783-1808), Editorial Alfa, 2016

Machado, Antonio, *Epistolario*, Editorial Octaedro, 2009.

Martí, José, *Cartas familiares*, Comisión Nacional Organizadora de los Actos y Ediciones del Centenario del Monumento de Martí, 1953.

Maupassant, Guy de, *Correspondance complète*, Bibliothèque Nationale De France, Gallica.

Mistral, Gabriela, «Cuando murió su madre Gabriela puso su emoción en una carta: es un poema», Biblioteca Nacional Digital de Chile, <http://www.bibliotecanacionaldigital.gob.cl/bnd/623/w3-article-139780.html>.

Mozart, Wolfgang Amadeus, *Correspondance complète*, Flammarion, 2011.

Nietzsche, Friedrich, *Correspondance complète*, Gallimard, 1986.

Pessoa, Fernando, «Correspondência», <http://arquivopessoa.net>.

Petrarca, Francesco, *Lettres familières*, Les Belles Lettres, 2002.

Poe, Edgar Allan, *The Collected Letters of Edgar Allan Poe*, Gordian Press, 2008.

Proust, Marcel, *Lettres à sa mère*, Plon, 1953.

Ravel, Maurice, *L'intégrale - Correspondance (1895-1937), écrits et entretiens*, Le Passeur, 2018.

Rilke, Rainer Maria, *Selected Letters*, Macmillan, 1946.

Rimbaud, Arthur, *Correspondance*, Bouquins, 1992.

Saint Bris, Gonzague, *Les aristocrates rebelles*, Editions des Arènes, 2017

Sand, George, *Lettres de ma vie*, Gallimard, 2004.

Schumann, Robert, *Letters*, Palala Press, 2015.

Séneca, Lucio Anneo, «Consolación a Helvia», <http://www.cer

vantesvirtual.com/obra-visor/consolacion-a-helvia--0/html/ff0a3df8-82b1-11df-acc7-002185ce6064_2.html#I_0_>, Biblioteca Virtual Miguel de Cervantes, 1999.

Smith, Adam, *Economic Thought - The Correspondence of Adam Smith*, Oxford University Press, 1987.

Stevenson, Robert Louis, *The Letters of Robert Louis Stevenson*, <http://robert-louis-stevenson.org/letters/>.

Tolstói, Lev, *Tolstoy's Letters*, Charles Schriber's Sons, 1991.

Toulouse-Lautrec, Henri de, *Correspondance*, Gallimard, 1992.

Unamuno, Miguel de, *Epistolario I*, Ediciones Universidad de Salamanca, 2017.

Verlaine, Paul, *Correspondance générale de Verlaine*, tome 1: 1857-1885, Fayard, 2005.

Von Sacher-Masoch, Leopold, *Souvenirs. Autobiographische Prosa 1*, Belleville, 2003

Wagner, Richard, *Family Letters of Richard Wagner*, Palgrave Macmillan, 1991.

Ward Howe, Julia, «Appeal to womanhood throughout the world», Library of Congress, < https://www.loc.gov/resource/rbpe.07400300/>.

Wilde, Oscar, *The Complete Letters of Oscar Wilde*, Henry Holt and Co., 2000.

Zavala, José María, *Bastardos y Borbones: Los hijos secretos de la dinastía*, Debolsillo, 2001.

—, *La infanta republicana doña Eulalia de Borbón*, Plaza y Janés, 2009.

Zweig, Stefan, *Correspondance complète*, Livre de poche, 2010.

_____

Querida madre:

_____

_____

_____

_____

_____

_____

_____

_____

_____

_____

_____

_____

Firma